KB072178

이것이 진짜
미국 부동산
투자다

게빈 아빠가 알려 주는 부자로 잘살기

이것이 진짜 미국 부동산 투자다

서용환 지음

휴엔스토리

목차

제1장 | 부자로 잘살기

제2장 | 왜 부동산인가?

제5장 | 상가에 투자하기

제6장 | 토지에 투자하기

제7장 | 부동산 매매 실전

부록 | 경제논리와 이자

추천사

정대용 원로장로
(아리조나 새생명 장로교회)

지난해 종교역사 장편소설 《고레스 대왕, 페르시아 이야기》를 내보여 깜짝 놀라게 했던 서용환 장로가 이번에 또 몇 개월 만에 경제전문 서적을 집필하였다고 초본을 보내주어 더 깜짝 놀랐다. 서용환 저자가 이민초기 학생 신분으로 애리조나에 처음 왔을 때부터 보아왔지만, 그는 조그만 상점을 시작할 때부터 창업 수완을 보였다. 아마도 그때부터 미국 시장의 광대하게 펼쳐진 막대한 잠재력을 감지하고 부동산 투자에 열정과 성실로 준비하여 온 것으로 보인다.

꿈을 꾸고 추구하는 자는 결국엔 꿈의 실현을 성취하게 되어 있다. 남들이 모두 조용히 잠자고 있을 때 열심히 기도하고 일하면서 K-Momo를 주식회사로 키웠으니, 남다르게 상가와 토지, 건물 등에 투자하면서 얻은 부동산 투자의 산 경험을 토대로 이 책을 집필했을 것이다. 이 책은 모두 8장으로 되어 있는데, 미국 부동산의 모든 정보와 상가, 주택, 토지의 상거래를 자세히 다루고 있어서 투자 지침서로서의 가치가 충분하다. 단지 2024년 이후에는 전세계적으로 경기후퇴(Recession)가 온다고 하니, 모두 신중하게 접근하면 좋을 것이다.

서용환 장로는 하나님을 경외하는 경영인으로 지금까지 자기 부의 업적을 하나님의 은혜로 돌리는 신앙을 보여 주어서 미쁘다. 은퇴 후에 풍요로운 삶을 살기를 원하는 모든 분들께 이 책을 즐거운 마음으로 추천한다.

"Humility and fear of the LORD bring wealth and honor and life."

(Proverbs 22:4)

"겸손과 여호와를 경회함의 보응은 재물과 영광과 생명이니라."

(잠언 22장 4절)

추천사

Mark Hong
(KORUS C.E.O/ 남가주 부동산협회 회장/markhong@korusre.com)

I am writing to express my wholehearted recommendation of the book written by Chairman Kenneth Seo, "Living Retired and Wealthy in the USA". I met Mr. Seo several years ago when I represented them in the acquisition of a commercial center in the Koreatown area of Los Angeles. During my interaction with Mr. Seo, it became apparent that Mr. Seo had a vast knowledge of the commercial real estate market in the U.S.

Mr. Seo's book highlights his experience and successes while investing in the commercial real estate field. His description and experiences reflect his deep understanding of real estate principles and how to achieve the American Dream through real estate investing.

Real estate investment in the United States is a complex subject, spanning various disciplines and intricacies which require experiences both challenging and successful. Mr. Seo has written a remarkably insightful piece, drawing from his wealth of experience and presenting it in an engaging essay—like format that is sure to provide the reader with many insights on real estate investing.

His approach not only simplifies the complexities but also offers readers invaluable guidance. Moreover, "Living Retired and Wealthy in the USA" ventures beyond conventional narratives, delving into what could be termed a "Primer on Wealth," offering fresh perspectives on achieving affluence from various angles.

I wholeheartedly endorse this book as a guiding light for those seeking success in real estate investment in America. Mr. Seo's insights pave the way for retirees to live prosperously, igniting aspirations for wealth and security in all of us.

마크 홍
(KORUS C.E.O/ 남가주 부동산협회 회장/markhong@korusre.com)

몇 년 전 케네스 서 회장이 로스앤젤레스 코리아타운 지역의 상업용 건물 인수를 진행할 때, 매도자를 대표하여 직접 만난 적이 있다. 그때 미국의 상업 부동산 시장에 대한 그의 폭넓은 지식을 확실히 알게 되었다. 이 책《미국 부동산 투자로 은퇴 후 부자로 잘살기》는 그의 이런 해박하고 다양한 부동산 투자 경험과 성공을 바탕으로 쓰여졌다. 그는 부동산 원칙에 대한 깊이 있는 이해를 바탕으로 한 부동산 투자를 통해 어떻게 아메리칸 드림을 달성할 수 있는지를 알게 해준다.

미국의 부동산 투자는 다양한 학문과 복잡성을 아우르는 복잡한 주제이며, 이를 이해하기 위해서는 도전적이고 성공적인 경험이 필요하다. 케네스 서 회장은 자신의 풍부한 경험을 바탕으로 매우 통찰력 있는 글을 썼으며, 독자들의 부동산 투자에 대한 실질적이고 깊이 있는 이해를 도와줄 것이다.

어려운 내용들이 많은 부동산에 대해 아주 쉽게 설명할 뿐만 아니라 독자들에게 가치 있는 길을 안내하기도 한다. 게다가 'Living Retired and Wealthy in the USA'라는 주제는 전통적인 은퇴 후 삶에 대한 이야기를 넘어 '재산에 관한 입문서'로 소개할 만하다. 다양한 각도에서 부와 풍요로움을 달성하는 새로운 시각을 제공하기 때문이다. 케네스 서 회장의 통찰력은 은퇴 후 삶의 부유함, 즉 우리 모두가 부자로 잘살기를 추구하는 열망을 일으킨다.

이 책이 미국 부동산 투자에서 성공하려는 사람들을 위한 길잡이 역할을 할 것이라 생각하며 강력히 추천한다.

글을 시작하며

《고레스 대왕, 페르시아 이야기》를 탈고할 무렵이었다. "그런 고상한 책 말고 사람들에게 도움이 될 만한 걸 써보는 건 어떤가?" 즉 나의 경험과 기본 상식이 들어있는 부동산 투자 지침서를 엮어 보라는 지인의 권고였다. 그렇게 책은 시작되었다.

'미국에서 부자로 잘살기'라는 주제가 자칫 교만으로 느껴질까 주저했지만, 분명 실질적으로 큰 도움이 될 것이란 주변 격려에 용기를 내본다. 마침 충분한 자산을 갖고 미국 이민을 오시려는 처형의 사돈어른을 위해 준비해 두었던 글들도 있어 기회라 받아들였다. 경제 경험이 많지 않거나 사회에 첫발을 딛는 젊은이들을 주 대상으로 염두에 두었기에 부와 부동산의 개념을 쉽게 전달하려 노력하였다.

고객이 아닌 오로지 나의 투자만을 위해 캘리포니아 부동산 공인중개사 면허를 받았다. 애리조나로 이주하면서 면허를 연기하지 않아 만기 취소되었지만, 이때의 경험들이 책 곳곳에 베여 있다. 모든 이에게 부를 나누어 줄 능력은 없지만, 나의 부족한 경험과 작은 지식, 실패담들을 나눔으로써 부를 함께 공유하고 싶다. 그렇게 이 책이 **'복(福)의 통로'**가 되었으면 한다.

'케빈 아빠'는 부자이다. 아들이 셋이나 있으니 세 배는 부자다. 그러나 수시로 전화를 해주고 살갑게 대화할 딸이 없다며, 우리는 동메달도 아니고 목메달이라며 하소연하는 아내의 말에 한참을 웃었다. 부의 기준은 이렇게 주관적이고 상대적이다. 아들 셋 부자로서, 외국에서 성공한 자산가로서, 평범한 아빠로서 이 책에는 큰아들의 이름을 딴 '케빈 아빠'로 독자와 함께 호흡하려 한다.

우리는 누구나 부자가 되기를 소망하고 기도한다. 부자가 될 기회가 이미 여러 차례 내 곁을 스쳐 갔을 수도 있다. 내가 그것을 인지하지 못하였든지 제대로 도전하지 못하였을 수도 있다. 어떠한 의심이 그것을 받아들이지 못하게 하였을 수도 있고, 미처 준비되어 있지 못하였을 수도 있다. 케빈 아빠는 그런 분들에게 좀 더 적극적인 **도전** 의식과 **격려**를 전하고 싶다. 그리고 모든 부가 축복이 아닐 수도 있음을 진심으로 말씀드리고 싶다.

그동안 여러모로 인내하며 36년 동안 함께 살아주고 있는 사랑하는 케빈 엄마에게 이 글을 바치며, 혼자 기도하며 약속했던 '홀로 약속'을 들으시고, 지켜주신 하나님께 감사드린다.

2024년 2월에 애리조나에서

케빈 아빠 서용환

독자에게만 살짝 알려 드리는 부동산 투자의 비밀!

제1장

부자로
잘살기

부자의 기준

진짜 부자의 기준은?

우리는 모두 부자가 되고 싶어 한다. 그런데 어느 정도 재산이 있어야 부자일까? 집 한 채와 차 한 대, 노후를 살아가기에 불편하지 않을 만큼의 현금자산… 그러나 어디에 있는 집인지, 어떤 차인지, 현금의 기준은 어떤지에 따라 그 금액은 달라진다. 사람들이 느끼고 생각하는 부자의 기준은 지극히 주관적이고 상대적이라 할 수 있다.

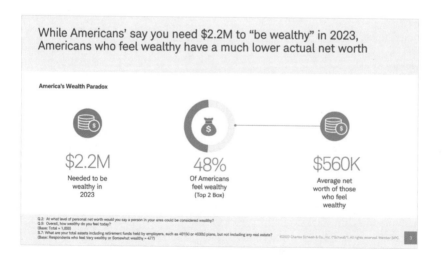

2023년 6월 찰스 슈왑(Charles Schwab Corp)이 발표한 '2023 현대 자산 조사(Modern Wealth Survey 2023)' 보고서에 따르면 미국인들이 부자라고 느끼는 자산의 규모는 220만 달러(약 29억 원)이다. 이 응답자들의 평균 순자산은 56만 달러였다. 220만 달러는 있어야 부자라고 답한 이들은 이미 부유하다고 느끼고 있다는 것이다. 세대별로도 개인적으로 느끼는 부는 달랐다. 젊은 세대일수록 남들처럼만 살아도 행복하다고 느낀 것이다. 또래와 비슷한 생활 수준으로 살 수 있어 행복하다고 답한 Z세대 (61.0%)와 밀레니얼 세대(61.0%)에 비해 50대 이상의 X세대(39.0%)와 베이비붐 세대(31.0%)는 상대적 박탈감이 더 크다.

또한 미국인들은 부를 정의하는 데 있어 돈보다 건강이나 가족 등 웰빙을 더 중요시하는 것으로 나타났다. 재정적으로 스트레스를 받지 않는 것이 돈을 많이 버는 것보다 중요하고, 가족이나 사랑하는 사람들과의 관계가 돈을 많이 갖는 것보다 중요하다고 답한 것이다. 또한 일과 삶의 균형을 찾는 것이 돈을 많이 모으는 것보다 앞선다고 답했다. 사람들

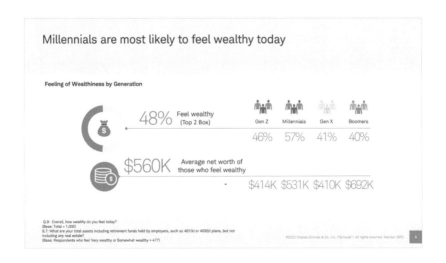

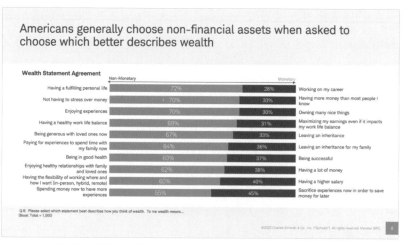

찰스스왑 현대자산조사(Charles Schwab Modern Wealth Survey 2023) 리포트

이 원하는 부자의 모습은 그저 돈이 많은 것이 아님을 알 수 있다. 응답자들의 61%가 시간을 갖는 것이 돈을 갖는 것보다 중요하다고 느낀다고 대답한 것이다.

그렇다면 한국에서는 어느 정도 자산을 일궈야 부자라고 할까? 하나금융연구소의 10년간의 연구를 모은 책 《대한민국 부자보고서(Korean Wealth Report)》에 따르면 한국에서는 100억 원은 있어야 부자로 불릴 수 있다. 부자의 95%는 자기 집이 있고, 최근 10년간 주택가격이 40%가량 올라 부를 일구는 데 부동산 투자가 큰 몫을 했다. 하지만 이들 중 2~3명 정도만 스스로 부자라고 생각했다. 부자의 기준이 점점 높아진다는 것이다.

미국이든 한국이든 부자가 되고 싶고, 삶을 더 여유롭고 풍요롭게 살고 싶은 인간의 마음은 다 같을 것이다. 우리는 어느 정도 돈이 있어야

만족할 수 있을까? 과연 돈이 많으면 행복할 수 있을까? 돈이 많다면, 어느 정도 생활이 편리해질 수는 있겠지만, 부자는 더 큰 부자를 부러워하고 더 큰 부자는 더욱더 큰 부자를 부러워할 것이다.

물과 같은 재물

하나님이 우리에게 공짜로 마음껏 사용하라고 주신 공기와 물과 자연은 모두 우리의 생명과 직결된 것들이다. 재물 또한 우리의 삶과 가장 밀접한 것 중의 하나이다. 재물을 영원히 소유할 수는 없다. 재물이란 흘러가는 물과 같은 것이다. 잠시 그 자리에 머무는 것에 불과하다. 그래서 우리는 치수(治水)를 하듯 재물을 잘 관리하여야 한다. 투자도 기부도 유산도 모두 재물의 관리에 해당하는데, 부자로서 사회적 책임을 다하고 나눔의 가치를 중요시하는 것도 부의 유지와 성장에 도움이 된다.

부자로 잘살기, 그 비결은 힘들게 사는 것을 먼저 배우고, 왜 어렵게 사는지를 아는 것이다. 그래야 부자로도 잘 살아갈 수 있다. "젊어서 고생은 사서도 한다"라고 하지 않던가? 젊은 시절의 고생은 앞으로 살아갈 삶에서 큰 자양분이 된다. 물론 젊은이 당사자는 꽤 싫어하는 말일 터이다. 케빈 아빠는 정말이지 하나님이 싫어하시는 것 외에는 다 경험해 보고 싶었다. 그것이 지금 노후를 편하게 맞이할 수 있는 밑거름이라는 걸 물론 그때의 나는 몰랐다.

군대 시절 극한의 훈련을 거듭할 때의 일이다. 40년도 더 된 일이니, 그때와 지금의 훈련을 비교하지는 말자. 체력의 극한을 경험하는 당시 특공학 훈련에서는 낙오자와 탈영병이 속출하고, 급기야 자살 시도자까지 나오게 되었다. 정신적 무장이 필요하다고 여겨서인지 중대장은 우리 앞에서 알렉산드르 푸시킨의 시 〈삶이 그대를 속일지라도〉를 읊으면서 같이 외우기를 종용하였다. 살을 에는 추위와 쏟아지는 잠과 싸워가며 훈련을 거듭하던 나에게 이 시가 큰 위로가 되지는 않았다. 그러나 마치 주문처럼 시를 되뇌었다. 그럴 것 같지는 않았지만, 세월이 흐르고 나서 언젠가는 꼭 그렇게 되기를… 소망하면서 말이다. 그런데 정말 그 긴 세월이 흐르고 그 지옥 같은 시간이 그리워지다니! 믿을 수가 없다.

하던 공부도 중단하고 모두들 두려워하던 곳에서 조그마한 가게를 시작했던 미국 생활 초창기. 그때도 막막함보다는 해내고 말겠다는 의지가 더 불타올랐다. 흑인과 멕시칸 갱들이 길거리를 활보하고 마약이 일상인 그곳에서도 케빈 아빠는 그들을 어느 정도 통제할 수 있는 시기를 맞이했다. 그 모든 청년 시절이 잠깐 지나갔던 극한의 훈련과 인고의 시간이었던 것 같다니. 이 같은 착각은 분명 다 이겨냈기에 느껴지는 것이리라.

그러나 성공을 위한 시험처럼 반드시 따라오는 것이 유혹이다. 지나간 시간에 대해 후회가 아닌 찰나의 그리움으로 기억하려면 반드시 유혹을 물리쳐만 한다. 남자라면 '술·마약·여자·도박'이라는 '사(4)가지'가 없어야 하고, '의리·예의·열정·비전'의 '사(4)가지'는 있어야 한다. 이것이 없다면 소위 '싸가지(?)가 없다'고 할 수 있겠다. 유혹은 누구에게나 언제나 다가올 수 있고, 우리는 달콤하지만 위태로운 '유혹의 강가를 걷는 인생길의 여정'을 걸어가고 있다. 그러니 유혹을 물리치는 자만이 진정한 행복을 가질 수 있을 것이며, 그 자격이 있다. 이제 그 길을 걸어보자.

삶이 그대를 속일지라도

_푸시킨

삶이 그대를 속일지라도
슬퍼하거나 노여워하지 말라
슬픈 날을 참고 견디면
즐거운 날은 오고야 말리니
마음은 미래를 보는 것
현재는 한없이 슬픈 것
모든 것은 덧없이 사라지고
지나간 것은 또 그리워지게 되나니.

시간을 개척하는 사람이 되자

복은 예로부터 오복이라 하였다. 오복(五福) 중 첫 번째는 장수하는 것(壽)이고, 두 번째는 재산이 넉넉한 것(富), 다음으로 몸이 건강하고 마음이 편안한 것(康寧), 덕을 좋아하는 것(攸好德), 하나님으로부터 받은 명대로 살다가 죽을 때 편안히 돌아가는 것(考終命)이라고 한다. 우리의 삶은 이렇게 물질의 축복 외에도 여러 가지 삶의 축복들이 필요하다. 케빈 아빠는 오복에 '믿음의 복'과 '관계의 복'을 추가하고 싶다. 삶의 가장 근본이 되는 것이 '믿음의 복'이며, 마음대로 잘 안되는 것이 '관계의 복'이다. 하나님께서는 아브라함에게 "너를 축복하는 자에게는 내가 복을 내리고, 너를 저주하는 자에게는 내가 저주하리라"라고 하셨다. 원망을 멈추고 축복하는 자가 되자. 관계의 복은 여기서부터 시작된다.

세계 굴지의 대기업에 다니던 고교 동창이 있었다. 약국을 운영하는 아내와 한국에서 그런대로 안정적인 삶을 누리고 있었다. 남의 떡이 커 보여서인지 그는 케빈 아빠의 삶을 부러워하였고, 자기도 미국에서 살고 싶다며 도와 달라고 했다. 처음에는 미국 생활이 그렇게 만만치 않을 거라며 만류했다. 그러던 중 닭 공장에 취업을 시켜준다는 영주권 대행업체의 말만 믿고 신청하였다가 사기를 당하였다고 고백하였다. 군대에 입대하는 심정으로, 이등병의 마음가짐으로 미국에서 새 삶을 개척해 보고 싶다는 그의 의지에 감동하여 결국 케빈 아빠가 운영하는 회사에서 스폰서가 되어주기로 하였다. S 기업 출신이라는 경력을 미국 대사관에서도 인정받아 그는 정식 취업비자를 받고 미국에 오게 되었다. 케빈 아빠는 정성을 다해 그를 도왔으나, 부동산 중개와 작은 의류사업 등 여러 가지 사업 시도에도 미국에 정착하는 홀로서기가 쉽지 않았다. 할 수 없이 원래대로 케빈 아빠의 회사로 복귀하여 박봉의 직장생활을 하게 되었다. 영주권을 취득한 후에는 부부가 함께 약사 시험을 보았고, 지금은 큰 제약회사에 다니며 안정적으로 살아가고 있다. 그는 미국에 가기만 하면 케빈 아빠보다는 잘살 수 있을 거라는 자신감이 있었다고 고백했다.

부는 학력이나 학창시절 성적순으로 오지 않는다. 물론 직장 레벨에 따른 경력순으로 오지도 않는다. 돈을 따라가지 말고 삶의 가치를 먼저 따르자. 오복은 그런 당신에게 따라올 것이다. 비록 지금은 어둡고 긴 터널을 지나고 있다고 느낄지라도 실망하거나 포기하지 말자. 당신의 시대는 오고 있다. 아직 오지 않았을 뿐이다. 속해 있는 회사나 단체에서 미운 오리 새끼가 되었다면, 당신은 분명 크고 멋진 백조가 될 자질이 있고, 그렇게 될 기회가 곧 올 것이다. 당신은 특별한 사람이기 때문에 사람들이 아직 당신의 존재 가치를 몰라주고 있는 것일 뿐이다. 고개를 들자. 당신의 맑고 초롱초롱한 눈을 크게 뜨고 좀 더 높은 곳을 바라보자. 더 먼 곳을 바라보자. 그리고 중요한 것은 **"시간을 기다리지 말고 개척하는 사람이 되자"**.

깨끗한 부자가 되자

김동호 목사는 《깨끗한 부자》라는 책에서 "돈을 벌어 하늘에 쌓을 수 있는 만큼 벌어라"라고 했다. 신약 성경 마태복음 6장 20절에 있는 말씀을 해석한 것이다. 예수님은 부자가 천국에 가는 것이 낙타가 바늘귀로 들어가는 것보다 어렵다고 하셨다. 그러나 기독교에서 부자가 되는 것은 죄도 아니고 부끄러운 것도 아니다. 다만 의로운 부자가 되었으면 하는 바람이다.

케빈 아빠는 1980년대 말에 I-20 비자가 찍힌 여권을 손에 들고 미국행 비행기를 탔다. 당시 미국 대사관에서 I-20 비자를 받기는 꽤나 어려웠다. 처음 비자 인터뷰를 하고 거절당했을 때 얼마나 낙담하였는지 자포자기하고 있을 때였다.

"남자가 칼을 한 번 뽑았으면 무라도 한 번 베어야지 않겠나?"

아버지께서 다시 한번 내게 용기를 북돋아 주셨다.

그렇게 다시 도전해 비행기를 탔다. 비행기가 높이 올라 하나님과 가장 가까운 곳에 도달했을 때 기도를 하였고, 하나님과 일방적인 '홀로 약속'을 하였다.

"하나님 솔로몬에게 주셨던 지혜를 저에게 주시고, 솔로몬에게 주셨던 재물의 축복도 저에게 주세요. 그렇게 해주시면, 저는 주시는 물질로 주님과 교회를 섬기겠습니다. 그리고 저를 '복의 통로'가 되는 도구로 사용하여 주세요."

물론 솔로몬은 말년에 전도서를 통해 이렇게 전하며 물질의 덧없음을 고백하였다.

"헛되고 헛되며 헛되고 헛되니 모든 것이 헛되도다… 모든 강물은 다 바다로 흐르되 바다를 채우지 못하며 어느 곳으로 흐르든지 그리로 연하여 흐르느니라."

그럼에도 물질의 축복이 절실히 필요하였다.

어렸을 적, 돈이 없던 부모님은 아픈 형을 제대로 치료하지 못하고 하늘나라로 먼저 보냈다. 어린 자식을 잃은 부모님은 평생 아픈 돌덩이를 가슴에 안고 살아가셨다. 형의 죽음으로 깨달았다. 가난해서 자식을 먼저 보내는 것은 부모의 가장 큰 아픔이라고. 어린 나이임에도 가난해서 자식을 잃는 부모는 되지 말자고 수없이 되뇌고 다짐했었다. 케빈 아빠는 스스로 얼마나 깨끗한 부자인지는 잘 모르겠지만, 단지 그 깨끗한 만큼, 그리고 아픈 만큼 더 부어 주시리라고 믿는다.

불의하고, 사악한 자들이 이 땅에서 많은 부를 거머쥐고 사치하며 거들먹거리며 살아도 우리는 하나도 부러워하지 않고 질투하지 않으며, 심지어는 하나님을 원망하지 않아도 된다. 그들의 재물은 결코 하늘에 쌓을 수 없기 때문이다. '공수래공수거'라고 하지만, 재물을 하늘에 쌓을 수 있는 방법이 있다. 김동호 목사의 책에 나오는 그 비법을 나누었으면 한다.

✨ 하늘에 쌓을 수 없는 돈

① 냄새 나는 돈

냄새 나는 돈은 훔치거나 착취한 돈, 뇌물로 받은 돈 또는 빌린 후 갚지 않고 떼어먹은 돈 등 부정하게 속여서 뺏은 모든 돈이다. 여기에는 능동적인 행동으로 만든 돈뿐 아니라 수동적으로 받은 부정한 모든 돈도 포함된다.

② 정당하지 못한 방법과 직업으로 벌어들인 돈

직업에 귀천이나 옳고 그름이 있겠냐마는 단지 하늘에 쌓을 수 없다는 것에는 동의한다. 얼마 전 한국 방문 중 두 번이나 지갑을 잃어버린 적이 있다. 한 번은 감사하게도 돌려받았고, 나중에는 돌려받지 못했다. 지갑에는 적지 않은 돈이 들어 있었고, 두 번씩이나 잃어버린 것은 하나님이 누군가 꼭 필요한 이에게 전달한 것으로 보이지만 부정하게 편취한 자가 사용하는 그 돈 역시 하늘에 쌓을 수는 없는 돈이다.

③ 불로소득으로 벌어들인 돈

로또나 카지노에서 벌어들인 돈으로 일확천금을 바라고 번 돈일 것이다. 그러나 굳이 확대 해석하면, 불로소득과 투자소득(Capital Gain)은 분명히 구분되어야 한다. 임대수익이나 인터넷 사업을 하는 등 앉아서 버는 모든 수입을 부정하는 것은 아닐 것이다.

부자 아빠가 되자!

석유왕 록펠러의 수많은 일화 중 하나다. 당대 최고의 부자이며 기부자였던 록펠러가 한 호텔에 나타나 값싼 방을 요구했다.

호텔 지배인이 난처해하며 권하길, "사실, 아드님께서 제일 비싼 스위트룸을 사용하고 있습니다. 같은 등급으로 사용하셔야 하지 않을까요?"

록펠러는 태연히 대답하였다.

"허허, 신경 쓰지 마시오! 나에게는 부자 아버지가 없지만, 내 아들은 부자 아버지를 두었다오."

록펠러(John Rockefeller)와 그의 아들 존 D. 록펠러 주니어(John D. Rockefeller Jr.) 사이의 관계와 경제관을 비유하는 이 일화가 케빈 아빠에게는 설명할 수 없는 가슴 아린 이야기로 다가왔다.

저렴한 방을 선택하는 록펠러와 호화로운 삶을 즐기는 아들. 이 이야기 속에는 아들에게는 풍요로운 삶을 제공하며 그의 성공을 돕겠다는 록펠러의 자녀 교육관과 더불어 스스로는 검소하게 자기만의 가치관과 생활방식을 유지하겠다는 그의 철학이 담겨 있다. 부자 아빠를 둔 록펠러 주니어는 훗날 "낭비라는 죄를 범하지 말라"라는 자녀교육으로 회자되며 훌륭한 자선사업가로 성장했다. "돈을 벌고 돈을 관리할 수 있을 때만이 부를 누릴 자격이 있다"라는 부에 대한 가치관도 오롯이 아버지로부터 받은 것이었다. 부자로서의 책임과 가치관까지 고려한 아버지 록펠러를 보며, 케빈 아빠도 철저하게 절약을 강조하는 스스로를 돌아보게 된다. 나의 부는 나를 위한 것이라기보다 내 옆의 누군가를 위한 것이지 않았나 하는 것이다. 그렇게 돌아보니 자식들의 풍요로움을 부러워해야 할지 슬퍼해야 할지 모르겠다. 그렇다고 화를 낼 수는 없지 않은가?

태어나면서 부자 아빠를 만날 확률은 얼마나 될까? 주어지지 않은 것에 미련 가득한 마음을 품어도 소용없다. 주어지지 않은 것을 만들어가는 것이 삶이고 도전이다. 부자가 되려는 이유에는 여러 가지가 있겠지만 내가 누려보지 못했던 어릴 적 풍족함을 자식들은 누렸으면 좋겠고, 함께 고생하는 아내에게는 풍부한 보상을 주고픈 마음도 있을 것이다. 살아온 인생에 온전히 위안받을 수 있는 스스로에 대한 보상이라도 좋고, 삶의 온기를 나누고 의지하며 하나님의 말씀을 실천할 수 있는 여유를 갖기 위함도 있을 것이다.

케빈 아빠는 1960년대에 시골에서 국민학교를 다녔다. 학교가 끝나면 산길로 시오 리를 걷고도 큰 산을 하나 더 넘어서야 집이 나왔다. 동학혁명 때는 의병들의 거주지이기도 했던 그곳은 뒷산에 병기 창고와 화약무기 제작소도 있었다고 한다. 여수·순천 사건 당시에는 빨치산들의 활동 무대이기도 했던 첩첩산중 오지마을에서 보이는 것은 오로지 산과 하늘뿐이었다. 한겨울에도 무릎까지 빠지는 눈길을 밟으며 학교는 가야 했다. 먼동이 트는 새벽녘 모든 학생들이 고갯마루에 모여서 함께 출발하였다. 두 시간이 걸리는 등굣길을 가다 보면 한 시간 거리에 있는 쌍둥이 소나무 아래에 마을 어른들이 미리 나뭇가지를 쌓아 두었고, 5·6학년 형들에게만 나누어 준 성냥으로 그곳에서 모닥불을 피우고 몸을 녹인 후에야 다시 학교를 향해 갈 수 있었다. 그래도 우리 형제들은 학교를 거르지 않고 개근상을 받았다. 어린 나이에 혹한을 뚫고 학교에 다닌 마음가짐은 살면서 어떤 혹독한 고난이 와도 이겨낼 수 있는 자양분이 되었다. 비록 부자 아빠를 만나지는 못했지만, 내가 부자 아빠가 되리라는 각오와 노력으로 지금도 살아가고 있다.

돈의 가치,
제대로 공부하자

02

부자가 되려면 또는 부자로 살아가려면 돈의 가치를 먼저 알아야 한다. 돈이나 경제에 대한 지식을 습득하는 것은 물론, 돈이 가진 가치에 대해서도 끊임없이 공부하고 깨달아야 제대로 돈을 관리하고 사용할 수 있다. '쉽게 들어오는 돈은 쉽게 나간다' '돈은 쫓을 때는 도망간다' 등 돈에 관한 말들도 공부하고 나면 그 의미가 더 깊이 이해될 것이다. 여기서 중요한 것은 공부만 하는 것이 아니라 실천도 함께 하는 것이다. 실천을 통해 몸으로 습득하는 경험이야말로 진정 내 것이 된다.

부자 되는 돈 공부, 하나하나 공부하자!

돈을 효과적으로 관리하려면 먼저 돈에 대한 기본 지식을 습득해야 한다. 금융용어, 계좌관리, 예산작성 등의 기본을 먼저 공부하는 것이다. 시중에는 나를 도와줄 훌륭한 책들도 많고, 뉴스와 기사 등도 넘쳐난다. 자신의 수준에 맞게 하나하나 알아가며 공부하자. 일상적인 금융용어와 개념에 익숙해지면 예산을 작성하여 수입과 지출을 관리해 보자. 이를 통해 자신의 금전 상황을 정확하게 파악하고 비용을 줄일 수 있다. 여기까지 왔다면 이제 이자율과 복리 효과에 대한 이해가 중요하다. 투자와 저축 계좌를 선택할 때 중요한 배경이 되기 때문이다. 투자 명목으로 접근하는 사금융도 피해야 한다. 돈을 좇다 보면 위험성이 눈에 보이지 않기 때문이다. 무엇보다 부채는 신중하고 조심스럽게 접근해야 한다. 높은 이자율의 부채부터 최대한 빨리 갚고, 적정 수준의 신용점수를 유지하자. 케빈 아빠가 잘 아는 한 중견기업은 급한 마음에 사채시장의 자금을 이용했다가 순식간에 회사를 빼앗겼다.

기본적인 지식을 습득하고 차근차근 적용하기 시작했다면 이제 부자로 잘살기 위해 추가적인 수익원을 찾아야 한다. 부업, 투자, 사업 등 다양한 재테크 기회를 탐색해 보고 자신의 역량을 최대한 활용하자. 부자로 잘살기는 돈을 효율적으로 벌고, 지혜롭게 사용하는 것이 핵심이다. 필요 없는 지출과 무리한 지출을 줄이고 상품권을 이용하며, 현금 영수증 결제 및 주유소, 백화점 상품권과 업체에서 제공하는 포인트를 적립받는다. 신용카드를 현명하게 사용하여 추가 할인을 받는 것도 좋은 절약이다. 이렇게 생활 속에서 작은 것부터 절약하면서 재테크를 해야 돈의 회전과 속성을 체감하게 된다. 이렇게 하나둘 쌓아가다 보면 마음이 부자가 되는 순간이 온다. 이때 절세를 통한 성실한 세금 납부 등 사회적 책임을 다하고 더불어 나눔의 가치를 실천하자. 돈의 물리적 가치에서 더 나아가 부의 의미 있는 활용으로 이어질 수 있다.

간단하지만 어려운 위의 과정들을 모두 거치면 스스로 부자가 되어 있음을 느낄 수 있다. 그때 스스로 좀 더 가치 있는 부자의 반열에 올라 있기를 희망한다.

젊은 날의 초상 - 뼈에 새긴 돈의 가치

1980년대 말 유학생 비자를 가지고 있던 젊은 케빈 아빠는 미국의 법적인 제약으로 직업을 가질 수가 없어 학교에서 돌아오면 집에서 빈둥빈둥 놀 수밖에 없었다. 그러나 바삐 움직여야만 하는 천성에 도저히 답답해서 견딜 수가 없었다. 수중에 가지고 있던 돈도 다 떨어져 가던 어느 날, 아내에게 밤에 함께 청소를 해보자고 구슬렸다. 모든 일에 순종적이던 아내는 힘들겠지만 한번 해보자고 동의하였다. 그렇게 수소문을 통해 한인 C씨가 매니저로 있는 대형 건물의 청소를 하청받게 되었다. 아내는 직장을 다녀오고 난 후, 서둘러 식사하고 피곤한 몸을 이끌고 나와 함께 청소를 하러 다녔다.

군대에 있을 때 양구의 광치령과 인제의 대암산 일대를 노루마냥 마음껏 휘젓고 뛰어다녔던 케빈 아빠는 신이 나서 청소하였다. 그러나 그 무렵 첫 아이를 밴 아내는 너무나 힘들어하였다. 특히 화장실에서 화학약품을 사용할 때는 입덧에 구토를 심하게 하였다. 그렇게 힘들어하던 아내에게 나는 구름 같은 장밋빛 미래를 약속하였다.

"여보! 우리 힘들지만, 늙어서 땀 흘리지 말고 젊어서 땀 흘리자! 차라리 지금 울고, 그때 가서 우리 함께 웃자!"

말도 안 되는 궤변이었지만, 아내는 그럴 때마다 웃으며 고개를 끄덕였다.

"그리고 20년 후에 저기 우리 집 근처에 있는 큰 쇼핑센터 있지? 그거 내가 당신에게 사 줄게. 우리 조금만 더 힘을 내자."

왜 그런 약속을 갑자기 했는지는 모르겠지만, 어렵고 힘든 순간을 극복하면 나중에 크게 보상을 해주겠다는 표현이었던 것 같다. 뻥쟁이 케빈 아빠는 그렇게 감언이설로 아내를 달래며 힘든 시기를 넘기고 있었고, 나중에 그 건물은 아니었지만, 비슷한 건물을 아내에게 사 줄 수가 있었다.

하루는 아내와 함께 마켓에 장을 보러 갔다. 마켓에는 노란 오렌지 주스가 보기에도 먹음직스럽게 맛있어 보였다. 당시 케빈 아빠는 길거리에서 장사를 막 시작했다. 낮에는 하루 종일 45℃가 넘는 애리조나의 뜨거운 아스팔트 위에서 모자 하나에 의지하여 하루 종일 버틸 때였다. 맥주도 마실 줄 모르던 시기, 저녁에 집에 와서 냉장고에 시원하게 반 얼어 있는 오렌지 주스를 마시는 상상을 하고는 나도 모르게 집어 들었다가, 가격을 보고는 깜짝 놀라서 내려놓았다. 옆에서 지켜보던 아내가 미소 지으며 말했다.

"마시고 싶으면, 하나 사~."

지금도 그 순간이 생각나면 눈물이 난다. 그 후로 케빈 아빠는 아내가 사고 싶다고 하면 아무리 비싼 것이라도 거절해 본 적이 한 번도 없었다.

"사고 싶으면, 하나 사~."

가치 있는 절약을 하자

가장 성공적인 재테크는 무엇일까? 수입보다 지출을 줄이는 것을 실천하는 것이다. 케빈 아빠가 중학교 2학년 때 현장송 은사님께서 책을 출간하셨다. 어렵게 용돈을 모아 그 책을 샀는데, 은사님께서는 책 뒤에 "삶의 척도는 들어오는 것보다 나가는 것으로 재어라"라는 말씀을 써 주셨다. 그 뜻을 도저히 이해할 수가 없어 선생님께 여쭤보았다. 어린 제자를 바라보며 빙그레 웃으시던 선생님은 "지금은 이해할 수 없겠지만 네가 나중에 크면 알게 될 것이다"라고 하셨다. 책 제목도 기억나질 않고, 어린 학생에게 왜 그런 글을 주셨는지 몰랐지만, 세월이 흐르고 이제는 그 문구가 의미하는 것을 조금은 알 듯도 싶다.

돈의 가치는 나와 내가 사랑하는 사람들을 보호하고, 도울 수 있고, 남에게 신세를 지지 않고 살 수 있게 해준다는 데 중요한 의미가 있다. 하지만 열심히 산다고 모두 돈을 많이 버는 것이 아니고, 돈을 많이 번다고 꼭 부자가 되는 것도 아니다. 또한 부자가 반드시 행복한 것도 아니다. 그래서 돈은 삶의 목적이 아닌 도구이다. 도구가 목적을 해치지 않게 하려면, 돈을 잘 사용할 줄 알아야 한다.

돈은 인격체이다. 돈의 속성에 따라 세부적으로 살펴보면 규칙적인 수입의 힘과 각기 다른 성품들, 그리고 남의 돈에 대한 태도로 나누어 볼 수 있다. 한 예로 내 돈이 존중받고 싶으면, 남의 돈도 존중해 줘야 한다는 것이다.

우리의 삶 속에서 좋은 절약정신이란 더 나은 미래를 위해 현명하게 자원을 관리하고 돈을 아껴 두는 것이다. 이것은 금전적인 측면에서만이 아니라 시간, 에너지 및 자연자원을 포함한 모든 측면에서 중요하다. 좋은 절약 정신은 우리가 향후 비상상황에 대비하고, 꿈과 목표를 실현하기 위한 자금을 마련하며, 더 나은 삶의 질을 추구하는 데 도움을 준다. 반대로 나쁜 절약은 자기 삶의 질을 희생하거나, 필요한 것들을 아껴서 제한하는 것을 의미한다. 이는 지나치게 인색하거나 과도하게 절약하여 삶을 즐기지 못하게 되는 경우를 가리킨다. 나쁜 절약은 가끔 향후를 고려하지 않고 현재의 절약만을 추구해 비용을 치르게 될 수 있다. 자기 돈은 목숨같이 아껴 쓰고 남의 돈과 물건은 너무 쉽게 얻어 쓰거나, 훔쳐 쓰려는 심성이나 자린고비와 고래 심줄같이 돈을 아껴 써서 부자가 되는 극히 특별한 예도 있기는 하지만, 이는 자기 영혼을 팔고, 인격이 무시당하는 지극히 어리석은 일이 아닐 수 없다.

가진 재물이 많이 있음에도 제대로 사용할 줄 모르는 한 부부를 알고 있다. 그들에게는 상대방을 불쾌하게 할 정도로 선을 넘는 구두쇠 정신이 있다. 어렸을 때부터 철저히 몸에 배어 있는 절약정신의 영향이겠지만 그 과함으로 인하여 존중받지 못하고 있다는 사실에 연민을 느낀다. 자라난 환경이나 부의 축적 과정에서 돈에 대한 비정상적인 집착이 자리 잡아 마음의 구조를 잘못 형성한 게 아닌가 추측된다. 나이를 먹고 늙어갈수록 자기 지갑을 열어야 남에게 인정받고 사랑받을 수 있다고 한다.

좋은 절약정신은 부를 형성하는 데 큰 도움을 줄 수 있지만, 나쁜 절약은 단기적인 이득을 추구하면서 삶의 관계를 잘못 형성하게 하는 결과를 초래할 수 있다는 점을 명심해야 한다. 절약도 중요하지만, 우리 삶의 질과 관계, 그리고 미래를 고려하는 것이 더 중요하겠다.

부자는 돈을 좇지 않는다

돈을 따라가지 말자! 돈은 축복이 아니다. 로또 당첨이 많은 사람에게 꿈을 이루는 기적 같은 순간처럼 보이지만, 사실 그 결과가 좋지만은 않은 경우가 많다. 로또에 당첨되면 많은 사람은 금전적인 풍요와 자유를 누릴 수 있게 된다. 그러나 갑작스러운 풍요로움은 올바른 관리로 이어지기 어렵다. 대체로 많은 당첨자가 사치스러운 지출로 가지고 있던 돈을 금방 동나게 만들어 다시 금전적인 문제에 직면하게 된다. 부동산이나 창업 등 꾸준히 수입을 창출할 수 있는 곳에 투자하지 못하고 자신을 낭비했기 때문이라고 볼 수 있다. 또한 갑자기 불어난 돈으로 인해 가족이나 친구 간에 새로운 갈등을 초래할 수도 있다. 사람들로부터 각종 사업과 투자를 요청받을 수도 있으며, 이에 따라 심한 스트레스와 불안감을 안게 될 수도 있다. 이런 일들은 개인적인 안전을 위협하거나 프라이버시 침해로 이어지기도 한다.

미국에서 로또에 당첨되었지만 이후 더 큰 어려움을 겪은 잭 휘태커(Jack Whittaker)의 이야기는 우리에게 시사하는 바가 크다. 잭은 2002년 파워 볼 로또에서 3억 1,200만 달러에 당첨되었고, 매우 행복해 보였다. 그러나 이후 그의 삶은 많은 어려움과 문제들로 가득 차게 되었다. 흥청망청 헛되이 써버린 돈도 그렇지만, 범죄자들의 표적이 되어 집과 차 등 전 재산을 잃었다. 여기에 친구들까지 그를 떠나버렸다. 돈은 우리 인생의 모든 문제를 해결해 주지 못하며, 오히려 새로운 문제와 어려움을 안길 수도 있다.

돈은 따라가는 것이 아니라 올바르게 관리해야 하는 것이다. 그렇지 않으면 오히려 더 많은 문제의 근원이 될 수 있다. 로또 당첨이 곧 부자로 연결되는 것은 아니다. 확실한 금전관리 계획과 현명한 투자가 없다면 돈의 힘도 한때 빛을 발할 뿐 오래 가지는 못할 것이다.

부자로 잘사는 비결 7가지

부자가 되기로 마음먹었다면 이제 부자들은 어떻게 살지 궁금해진다. 그러나 부자로 잘사는 사람들이라고 해서 특별하게 다른 삶의 패턴이 있는 것은 아니다. 단지 꾸준히, 성실하게 마음먹은 바를 매일 실천하며 산다는 공통점이 있다. 이 성실함과 실천력이 한 끗 차이 부자를 만드는 것이다. 이제부터라도 하나씩 실천해 보자. 돈이 따로 들지 않는 일 아닌가.

⭐ 아침형 인간이 되자

"일찍 일어나는 새가 벌레를 잡는다"라는 속담이 있다. '아침형 인간'이라는 습관은 경제적 성공을 달성하는 데 필수다. 버락 오바마 전 미국 대통령이나 고 정주영 현대그룹 회장 같은 사람들은 전형적인 '아침형 인간'이다. 누구보다 하루를 일찍 시작해 운동이나 독서와 같은 개인 관리에 충분한 시간을 들인다. 올빼미 인간이라 자처하는 이들도 너무 슬퍼하지는 말자. 평소보다 아침의 시작을 당기려는 노력만으로도 나의 아침 시간이 늘어난다. 아침형 인간은 당연히 늦게 일어나는 사람보다 일찍 하루를 시작한다. 이 시간을 독서나 운동 등 자기계발에 할애하면서 업무시간에는 업무에만 열중할 수 있다. 단 30분, 1시간이라도 나의 시간을 만들어보자.

⭐ 열정적으로 살자

금수저로 태어나지 않은 한 게으른 사람이 부자가 될 길은 없다. 린든 존슨 미국 전 대통령은 주당 65시간을 일한 것으로 유명하다. 또한 테슬라 모터스의 일론 머스크도 한때 100시간씩 일했다고 한다. 사람들은 이를 '성공한 사람들이 가져야 하는 열정'이라고 부른다. "하늘은 스스로 돕는 자를 돕는다"라는 말이 있듯이 부지런하고 열심히 사는 자는 하늘도 도울 것이다.

열심히 살지 않는 사람은 없고, 주어진 시간에 열심히 사는 것은 누구나 할 수 있다. 스스로 주어지지 않은 시간까지 열심히 산다는 것은 그만큼 일과 삶에 대한 열정의 불꽃을 꺼트리지 않기 때문이다. 내 열정의 불꽃은 어떠한가?

⭐ 자만하지 말자

1980년대 말에는 미국에서 사업하기 정말 좋은 황금시대였다. 지금도 그 시대를 누볐던 올드 타이머들을 만나면 "옛날에는 호랑이가 담배를 피우며, 돈방석에 앉아 있었다"라는 이야기를 하곤 한다.

중국의 문호가 열리면서, 미국에서 생산되는 비싼 물품들보다는 다소 품질은 떨어지지만, 가격은 오 분의 일, 심지어 십 분의 일에도 못 미치는 물건들이 쏟아져 들어오기 시작하였다. 아직 미국인들이 중국에 직접 공장을 짓거나 직접 수입하는 시기가 아니었으므로, 나도 중국인 수입업자나 도매업자들로부터 많은 종류의 물품들을 매입하여 판매할 수 있었다. 이러한 사업들은 과히 선풍적이었고, 물 만난 물고기였다. 당시 같은 지역에서 비슷한 사업을 하던 친구들이 많이 있었다. 그러나 많은 돈을 한꺼번에 손에 쥐게 된 친구들은 술을 마시고, 여자를 찾고, 도박에 손을 대었다. 지금은 그 많던 친구들의 소식도 접하지 못하고 있다. 성실한 그대들이여! 자만하지 말고, 물들어 올 때 노를 젓자!

⭐ 성공하려면 부부 금실이 좋아야 한다

'갑자기 부부 금실?'이라고 생각할 수 있다. 그러나 경험상 예외는 있겠지만, 바람을 피우고 그것을 반복하는 사람이 부자가 되는 것을 본 적이 없다. 물론 부자가 이혼할 수도 있고, 배우자가 여러 번 바뀌는 사람이 부자가 될 수도 있다. 그러나 과연 행복할까? 인생을 함께하기로 약속한 배우자와의 신뢰를 저버린 인생에는 물리적 부(富)만 있을 뿐, 내적 풍요로움은 모자라기 마련이다. 주변에 재산 문제로 다투는 이들도, 그 문제로 이혼하는 이들도 많이 보았다. 그들의 후회에는 결국 인생의 뼈아픈 '아픔'만 남아 있다.

더 가치 있는 행복을 위해 배우자와의 사이가 좋은 것은 인생에 더 큰 부를 안겨줄 것이다.

⭐ 실패는 딛고 일어서는 것이다

인생에서 가장 부담스럽고, 마주하고 싶지 않은 것이 '실패'일 것이다. 실패하지 않기 위해 젊은 날 그렇게 열심히 달려오지 않았는가? 경험하지 않으면 좋겠지만, 비록 실패했다 하더라도 이를 반드시 극복해야 한다. 실패를 디딤돌 삼아 더 큰 성공으로 이르는 하나의 '과정'으로 변화시켜야 한다. 한 번의 실패로 영원히 좌절하는 사람과 여러 번 실패하고도 끝내 성공하는 사람의 차이는 무엇일까? 무수히 많은 실패와 성공의 과정에서 실패를 실패로 끝내지 않은 사람만이 결국 성공한다.

✿ 부자들과 친해지자

《부자가 되려면 부자에게 점심을 사라》에서 혼다 켄은 부자가 되려면 그들과 친해지고 그들과 자주 어울려야 한다고 말한다. 그들과 어울리면서 그들의 사고와 삶을 대하는 그들의 자세를 배우고, 그들이 들려주는 투자의 방식, 부의 비결과 부를 취득한 방법 등을 들으며 깨우쳐 나가야 한다. 부자들을 시기하거나 질투하지 말고 그들에게서 배울 점은 확실히 배우자.

그들은 어딘가 분명히 다른 점과 본받을 모습들을 당신에게 보여줄 것이다.

✿ 가치 있는 일을 한다

세금을 많이 내는 사람이 기부도 많이 한다. 기부 활동을 통해 자신의 부를 나누고 사회에 이바지하는 것도 큰 보람이기 때문이다. 진정 행복한 사람은 기부를 통해 세상과 소통하며 교감하고 나누는 사람들이다. 물질이 '나'라는 통로를 통해 세상 속으로 흘러가는 것을 느껴보자. 세상을 향해 복의 통로가 되자. 경험해 본 자로서 감히 말할 수 있다. 인생이 밝아지는 황홀경을 느낄 수 있으리라. 케빈 아빠는 이 책을 통해 지난 세월 좌충우돌 겪었던 부동산 투자의 실패와 성공 경험을 독자들과 함께 나누고자 한다.

잘 벌고 잘 쓰는 법
– 핵심원칙

부자들은 돈을 어떻게 효율적으로 벌고, 어떻게 올바르게 사용할까? 부자로 잘살기 위한 핵심원칙과 기본상식을 먼저 이야기해 보자. 앞서도 얘기했듯 부자가 되려면 금융에 대한 기본 지식이 필수이다. 금융교육을 통해 투자, 저축, 세금 등에 대한 이해를 높이고, 금융 계획을 세워야 한다. 돈을 효율적으로 관리하려면 먼저 돈에 대한 이해가 필수적이기 때문이다. 금융교육은 부자가 되는 지름길인 셈이다. 이해와 계획이 없이는 금전적인 안정과 번영을 실현하기 어렵다.

금전적 안정을 만들자

재정 거래에 대한 이해가 높아지면 금전적인 안정을 쉽게 만들어갈 수 있다. 투자와 재무 계획을 최적화하면 '경제 자유'를 더 빠르게 실현할 수 있다. 부자로 잘살기 위해서는 금융을 공부하고, 지식을 습득하며 계획을 세워야 한다. 이러한 노력은 미래의 금전적 안정과 번영을 위한 핵심 요소이다. 돈을 효과적으로 관리하고 더 나은 미래를 향해 한 걸음 더 나가는 데 도움이 될 것이다. 이로써 미래를 더 밝게 준비할 수 있다. 부자들은 투자 포트폴리오를 다양하게 구성한다. 이것은 리스크를 분산하고 수익을 극대화하는 데 도움이 된다. 예를 들어, 주식, 채권, 부동산, 현금 등 다양한 자산을 조합하여 투자 포트폴리오를 구성하면 어떤 시장 상황에서도 안전하게 자산을 보호할 수 있다. 부자로 살기 위해서는 다양한 투자 옵션을 고려하고, 장기적인 목표를 설정하며, 투자 포트폴리오를 지속해서 관리하는 습관을 들이는 것이 중요하다. 부의 근간은 지속적인 투자와 현명한 재무관리에 있으며, 이러한 원칙을 따르면 누구나 부자로 살 수 있을 것이다.

핵심은 레버리지다

목적지를 향해 갈 때 걸어가는 것과 자동차를 타고 가는 것 중 자동차를 타고 가는 것이 일종의 **레버리지 활용**이라고 생각한다. 우리가 흔히 아는 레버리지의 하나는 돈을 빌리는 레버리지다. 이는 대출이나 여러 형태의 빚(Debt)을 말한다. 로버트 기요사키는

"수백만의 사람들이 경제적으로 고생하는 이유는 차용 레버리지의 힘을 잘못 사용하기 때문이다. 그 결과 사람들은 그와 같은 레버리지를 두려워한다"라고 하면서 차용 레버리지의 힘을 어떻게 유리하게 사용할 수 있는지를 이야기한다. 또한 **"빚에는 좋은 빚과 나쁜 빚이 있다. 좋은 빚은 우리를 부자로 만들고, 나쁜 빚은 우리를 가난하게 만든다"**라며 좋은 레버리지의 힘을 강조하였다.

부자로 살기 위해서는 빚과 지출을 철저히 관리해야 한다. 예산을 세우고 지출을 기록하여 어디에 돈을 얼마나 사용했는지 파악하자. 필요 없는 지출을 줄이고 절약하는 습관을 들이면 부의 형성에 도움이 된다. 나쁜 빚을 피하고 관리하라. 빚은 잘 관리해야 한다. 빚이 부담스럽다면

상환계획을 세우고 빠르게 갚아 나가는 것이 중요하다.

부채도 자산이다

부자를 만나고 인연을 만든다는 건 인생에서 하나의 전환점이 된다. 1994년 아내와 함께 유럽 여행을 갔을 때의 일이다. 단체 관광의 같은 팀원으로 만나게 된 김 선생님 부부는 애리조나 출신이라는 동질감과 더불어 말도 잘 통하였다. 남편분이 은행 임원 출신의 유명한 부동산 투자자라는 걸 알게 된 건 금방이었다. 그가 물었다.

"미스터 서는 빚이 어느 정도 되나요?"

당시 갓 서른이 넘은 젊은 나이였고, 투자에 대한 개념도 없었을 때였다. 나는 당당하게 답했다.

"저는 빚이 전혀 없습니다. 사업도 투자도 모두 제 자본으로만 하니, 위험도는 전혀 없습니다."

당연히 내 사업의 위험성을 묻고 있는 것이라고 생각한 나의 대답에 그는 살짝 미소 지으며 말했다.

"미스터 서는 나와 띠동갑이니 12살 차이가 나네요. 미스터 서를 보면 12년 전의 나를 보는 것 같아 더 친밀감이 있어요. 그런데, 앞으로 두 가지를 잘 지키면, 미스터 서도 부자가 될 수 있으니 잘 들어 보세요."

"네, 선생님. 말씀해 주십시오." 깍듯이 말했지만, 그의 대답이 기대되었다.

"우선 내가 지금 여행 와서도 허리에 베개를 가지고 다니면서 받치고 있는데, 미스터 서는 너무 건강에 무리하지 않는 선에서 일을 하세요. 그리고 빚이 없다고 했는데, 큰 부자가 되려면 부채도 있어야 해요. 부채도 자산이니까요."

그때까지의 나에게 부채는 그저 빚이었다. 그런데 그 부채가 어떻게 자산이 될 수 있을까? 그가 설명한 내용을 요약하면 다음과 같다.

은행 등의 금융기관에서 대출 심사를 할 때 자기자본(Equity)과 부채(Debt)의 밸런스가 얼마나 건전한가에 따라 대출이 결정된다. 의미하는 바는 조금 다르지만 간단히 말하자면, 일종의 론 투 밸류(LTV/ Loan To Value)라고나 할까? 즉 자기자본과 부채의 합산이 그의 총자산이 되어 결정력을 갖게 된다는 것이다. 물론 갚아야 할 부채가 많으면(LTV가 높으면) 당연히 문제가 있겠지만 말이다.

케빈 아빠는 여행에서 돌아온 후 그에게 들었던 이론을 실천해 보았다. 부동산을 매입할 때마다 은행에 법인 또는 개인 재정 보고서(Financial Statement)를 직접 작성해 제출했는데, 그때마다 나의 부채는 자산으로 계산되어 보고되었다. 그렇게 커져가던 **나의 부채는 어느 순간 내가 걸어온 발걸음보다 훨씬 더 큰 걸음으로 나의 자산을 늘려 주고 있었다.**

부자와 나누는 대화가 얼마나 값진지 체득할 수 있었다. 정말 경험이 많은 진짜 부자는 대화 상대에게 무엇이 필요하며, 어떤 대화를 해야 하는지 잘 알고 가장 적절한 조언을 해줄 수 있다. 워런 버핏과 함께하는 식사에 100만 달러라는 값이 매겨지는 이유가 있는 것이다. 살면서 만날 수 있는 부자들을 부러워하고 시샘하지 않았는가? 그저 부러워하며 바라볼 것이 아니라 그들에게 배울 것을 겸허히 받아들여야 한다. 부자들도 가만히 앉아 부를 축적한 것이 아니기 때문이다. 그들의 생각과 투자 원칙, 부를 축적한 성공적인 투자 전략을 통해서 투자와 경제에 대한 중요한 교훈을 배우려는 자세가 우리를 부의 길로 안내할 것이다.

부자가 되기 위해서는 투자에 대한 이해가 필수다. 투자는 장기적인 재무 안정성을 위해 중요한 역할을 하기 때문이다. "투자를 하지 않는 것이 가장 나쁜 투자다"라는 말이 있다. 자산은 무엇인가 항상 투자를 하고 있어야 한다. 물론 투자를 위해 대기하는 자본도 투자다. 하지만 아무 계획도 없고 아무 욕망도 없는 자산은 죽는다. '이 정도 자산이면 나는 충분해'라고 말하는 사람은 아마 없을 것이다. 성경 말씀에 따르면, 가장 나쁜 투자는 아무것도 하지 않는 투자이다.

💵 잠깐! **Loan-To-Value(LVT)란?**

부동산의 가치에 대한 대출금액의 비율을 말한다. 융자금액을 주택 가치로 나눈 값으로, 융자기관이 특정 건물에 융자할 수 있는 한도 금액을 뜻한다.

LTV = 모기지 융자 금액 / 부동산 가치

투자의 기초

투자와 투기의 다른 점

'내가 하면 투자, 남이 하면 투기'라는 우스갯소리가 있다. 그만큼 투자로 돈 벌기 힘들다는 뜻도 있겠지만 일반적으로 개인에게 투자와 투기의 구별이 쉽지 않기 때문일 수도 있다. 투자와 투기는 이익을 추구한다는 점에서 같아 보이지만 매우 중요한 차이점이 있다. 이러한 차이점은 주로 목표, 리스크 수용 여부, 투자 기간, 연구 및 분석의 정도 등과 관련이 있다. 투자와 투기의 차이점을 살펴보자.

투자자의 목표는 장기적으로 자산가치를 증가시키고 안정적인 수익을 올리는 것이다. 주로 장기적인 재무 목표를 가지며, 투자한 자산의 장기적인 가치 상승을 기대한다. 반면에 투기하는 사람의 목표는 단기적으로 큰 이익을 얻는 것이다. 주로 자신의 이익을 위해 주가의 단기적 변동성을 활용한다.

투자자는 비교적 안전한 자산에 투자하며, 리스크를 최소화하려고 노력한다. 또한 시장 변동성은 받아들일 수 있지만, 급격한 손실을 피하려고 한다. 반면 투기꾼은 높은 리스크를 감수하고, 주로 시장 변동성을 활용하여 큰 이익을 얻으려고 한다. 손실 가능성도 크기 때문에 더 위험한 활동이다.

투자는 장기적인 시각에서 이루어진다. 투자자는 자산을 오랫동안 보유하려고 하며, 시장의 장기적인 성장을 기대한다. 투기는 주로 단기적인 기간 이루어진다. 자산을 빨리 사고팔며, 단기적인 가격 변동에 초점을 맞춘다. 요약하자면, 투자는 장기적인 목표와 안정적인 리스크를 추구하는 반면, 투기는 단기적인 이익과 높은 리스크를 감수하는 경향이 있다. 투자자는 더 깊은 분석을 통해 자산을 선택하고, 투기꾼은 단기적인 시장 동향에 따라 빠르게 거래하려고 한다.

다양한 투자 옵션을 갖춰라

주식, 채권, 부동산, 상품 등 다양한 투자 옵션을 알아보고, 포트폴리오 다변화를 통해 위험을 분산하여야 한다. 모두가 알다시피 "달걀을 한 바구니에 담지 마라!"는 분산투자를 말하는 투자원칙의 기본 중에서도 기본이다. 투자자가 자신의 자본을 다양한 투자 옵션으로 분산하여 리스크를 최소화하고 투자수익을 안정적으로 증가시키는 방법을 강조한다. 투자 포트폴리오를 구성할 때 특히 중요하게 고려해야 할 말이다. 그럼, 다양한 투자 옵션을 갖추었을 때 어떤 장점들이 있는지 살펴보자.

• 리스크 감소 : 모든 자금을 하나의 투자상품이나 자산 종류에 투자하는 것은 매우 위험할 수 있다. 투자한 특정 자산이나 시장이 어려움을 겪거나 하락할 경우, 전체 투자자산의 가치가 심하게 감소할 수 있기 때문이다. 반면 다양한 여러 자산에 자본을 나누어 투

자한다면, 하나의 자산가치 하락이 전체 포트폴리오에 미치는 영향을 완화할 수가 있을 것이다. 또한 투자 포트폴리오를 다양하게 구성하면 장기적인 안정성을 확보할 수 있다. 일부 자산이 나쁜 시기를 겪더라도 서로 다른 자산들이 보호막 역할을 하여 투자자의 금융 안전을 보장한다.

- 다양성의 중요성 : 서로 다른 자산 간의 상관관계가 낮다면 포트폴리오의 다양성을 통해 리스크를 더욱 효과적으로 분산할 수 있다. 이는 주식, 채권, 부동산, 현금 등 다양한 자산 클래스에 투자하는 것을 의미한다. 서로 다른 자산들은 다양한 시기나 조건에서 다르게 움직일 가능성이 높다. 따라서 여러 바구니에 자금을 나누어 투자하면 어떤 자산이 성장할 때 다른 자산이 하락할 수 있지만, 전체적으로는 투자수익을 극대화할 수 있다.
- 개인적인 목표 부합 : 투자자의 목표와 성향에 따라 다양한 자산에 투자함으로써 그들의 금융 목표를 달성할 수 있다. 예를 들어, 안전한 투자 수익을 원하는 투자자는 안정적인 자산에 더 큰 비중을 둘 것이고, 더 높은 수익을 원하는 투자자는 위험 자산에 더 큰 비중을 둘 것이다.

투자자가 리스크를 분산하고 투자 포트폴리오의 안정성을 높이기 위해 자본을 다양한 자산과 투자 옵션으로 나누어 투자하는 것은 투자의 기본 원칙이다. 이를 통해 투자자는 다양한 시나리오에서 안정적인 성과를 달성할 수 있으며, 금융 목표를 더욱 효과적으로 달성할 수 있다.

투자,
나만의 철학을 세우다

부동산, 나만의 골든 법칙

친한 지인으로부터 '부동산 투자 철학'이 무엇인지 질문을 받았다. 내게 부동산 철학이 있었든가 반문해 본다. 그분이 들으신다면 다소 실망하겠지만, 부동산에 철학이 있던가?

"부동산에 투자하는 것 자체가 철학이다."

그러나 언제, 어디에, 어떻게 투자하는가가 중요하다. 그러나 지금까지 나 스스로 지켜온 몇 가지 원칙은 있다.

부동산은 절대로 서두르면 안 된다. 주식도 마찬가지지만 부동산은 10년(One Decade) 이상을 기다려야 한다. 부동산의 한 사이클은 8년에서 12년 정도임을 기억하여야 한다. 인플레이션이 있으면, 디플레이션이 있을 터이고 또 리세션(Recession, 경기후퇴)도 올 수 있다. 기다리자. 그러나 그냥 기다리면 안 된다. 수익을 창출하면서 기다려야 한다. 그것이 바로 부동산의 특징이며 장점이다. 투기하지 말고 투자를 하자. 또한, 부동산은 나의 은퇴자산을 넘어 내 시대에 빛을 보지 못한다면, 내 자식 세대에는 좋은 결과가 있을 것이라는 신념이 있어야 한다. 다음은 부동산과는 직접적인 관련이 없지만, 젊었을 때부터 지켜온 케빈 아빠 나름의 골든 법칙 몇 가지들이다.

- 가족은 최선이다. 가정에 충실해지자.
- 몸은 쉬어 가도 머리는 쉬지 말자.
- 복의 통로가 되자.
- 출장은 되도록 아내와 동행하자. 아내에게 성실해지자.
- 여행은 일 년에 두 번은 반드시 가자. 나 자신과 가족에 보상하자.

주식, 투자에도 전문영역은 따로 있다

2022년 한국 내 상장법인 주식을 보유한 개인투자자가 1,400만 명을 넘어섰다고 한다. 2022년 전체적으로 하락장에도 불구하고 5년 연속 주식투자자가 증가하면서 한국 인구의 4분의 1 수준을 기록했다고 한다. 이로써 한국인 가계 금융자산 중 주식 비율이 25%에 육박하고 있다고 말이다.

케빈 아빠는 주식 투자를 하지 않는다. 주식 특유의 숫자들을 좋아하지 않을뿐더러 컴퓨터 앞에 앉거나 전화기를 만지작거리며 주식이 오르내리는 것을 지켜보는 것을 싫어한다. 케빈 아빠처럼 부동산을 전문적으로 하는 투자자 중에는 주식과 뮤추얼펀드를 하지 않는 나름의 이유가 있다.

첫째, 부동산 투자에는 융자를 해주지만, 주식이나 뮤추얼펀드에 하는 투자에는 융자를 주지 않는다. 즉, 주식은 레버리지 투자를 할 수 없다.

둘째, 부동산 투자에는 각종 세금감면 혜택과 여러 가지 인센티브를 주지만, 주식 투자에는 그러한 혜택이 전혀 없다. 소소하지만 내 부동산이 있는 곳으로 여행을 가면, 세금 보고할 때 가솔린과 호텔, 식비 등도 관리 경비로 경감받을 수 있는 재미가 있다. 그리고 부동산은 중개인과 매수자, 매도자가 밀고 당기는 협상하는 재미가 있지만, 주식은 딜을 하는 맛이 없다. 재미가 하나도 없다. 지루하기만 할 뿐이다. 주식에 투자하는 분들에게는 미안하지만, 케빈 아빠의 개인 취향이니 이해하여 주시기를 바랄 뿐이다.

골드, 또 다른 안전장치

케빈 아빠는 리먼 브라더스 사태 직전에 20년 이상 모아오던 모든 금을 한꺼번에 처분한 적이 있다. 그것도 현금화가 아닌, 취미로 하던 한국화폐 수집을 위한 교환으로 말이다. 교환 당시에는 온스당 400달러 미만이었으나, 불과 몇 개월 만에 700달러가 넘어 버렸다. 캘리포니아에서 애리조나로 다시 이사 오기 위해 처분하였으나, 시기와 방법이 너무 좋지 않았다. 결국 수만 달러의 손실을 보았고, 지금까지도 아내에게 핀잔을 듣고 있다. 금보다 한국화폐 수집이 더 좋았으니 되었다 마음먹지만, 작금의 경기를 보면 금 이야기를 안 할 수는 없겠다.

경기가 럭비공처럼 어디로 튈지 모르는 예측불허의 상황이 계속되는 기로에 서 있다. 시장에는 유동성 자금은 넘쳐나는데, 불안한 시장 심리로 인하여 어느 곳에 투자해야 할지 모르는 자금들이 갈팡질팡하는 모양새이다. 얼마 전 코스트코(Costco)에서 내놓은 골드 바(Gold Bar) 상품이 하루 만에 매진되었다는 소식이 뉴스에 나왔다. 보통 금은 인플레이션에 대비한 안전자산으로 간주하는데, 인플레이션 압력이 높을 때 금가격이 상승할 수 있다. 인플레이션은 가지고 있는 화폐의 가격을 내려가게 하므로, 사람들은 자신의 유동성 자산(화폐)을 보호하기 위하여 금을 사들이는 경향이 있다. 최근에는 드디어 온스(OZ)당 2,000달러를 넘어섰고, 계속하여 상승하는 것이 눈에 띄고 있다. 오랫동안 2,000달러 아래에서 등락을 거듭하다가 심리적인 부담 선인 2,000달러는 이미 넘어섰고, 이스라엘과 중동의 새로운 전쟁 국면이 길어지고, 중국과 대만의 양안이 전쟁의 위험에 빠져든다면 머지않아 2,500달러도 넘어설 것으로 예상된다.

케빈 아빠는 골드 계좌를 가지고 있다. 이 계좌가 필요해서, 혹은 가지고 싶어서 적극적으로 나서서 만든 것은 아니었다. 20년 이상 가지고 있던 기존의 세금보고 납세감면 프로그램으로 만들었던 뮤추얼펀드에 투자한 IRA(개인퇴직연금) 계좌가 마이너스 수익성을 계속 유지하자 실망한 나머지 다른 계좌를 찾던 중 IRA 골드 계좌를 찾아 투자하게 되었다. 이 계좌는 실제 금을 직접 보관하고 있다고 하여 투자하게 되었고, 매년 보관료도 납부하고 있으나 아쉽게도 아직 실물을 본 적은 없다.

금에 대한 투자가 매력적인 이유는 다양한 경제적, 금융적 요소와 안전성으로 설명할 수 있다. 금은 물리적인 자산으로, 토지나 건물과 같이 실체가 있으며 적지 않은 가치가 있다. 이에 따라 투자자들은 금을 부동산과 비슷한 안전성을 갖춘 자산으로 간주한다. 또한 금은 주식, 채권 등 다른 자산들과는 부정적으로 상관관계를 갖는 경향이 있어 포트폴리오를 다양화하고 위험을 분산시키는 헤지(Hedge, 위험 회피) 효과를 제공할 수 있다. 주식시장이 하락할 때 금 가격이 상승하는 경향이 있기 때문이다. 여기에 경제 불확실성이나 정치적 불안, 전쟁 등으로부터 보호 기능을 갖는다. 이렇게 금은 긴급한 금융위기 시에도 안전한 피난처로 여겨지며 가치를 유지할 수 있다. 또한 인플레이션에 대한 보호수단으로도 사용된다. 금은 통화가치 감소에 대비해 가치를 유지하거나 증가시키는 데 도움이 될 수 있다. 금은 국제적으로 인정받는 자산으로, 세계 각국에서 거래되며 투자자에게 다양한 옵션을 제공한다. 지금 우리가 어떤 시기를 지나고 있는지 냉철하게 판단하여야 한다.

2019~2021년 원자재의 경우 블룸버그 원자재지수 기준으로 연평균 14.0% 올랐다. 인플레이션을 고려해도 4.2%의 수익률을 거뒀다. 원자재에 투자하는 전략은 스태그플레이션 시기에 유용하다. 금은 연평균 27.4% 올랐고 실질 수익률은 16.5%였다. 주식, 채권 등 전통적 금융자산은 손실을 봤지만, 금, 원자재 같은 대체 자산이 높은 수익률을 거둔 것이다. 당시 미국의 사례가 현재 투자자들에게 던지는 교훈은 명확하다. 스태그플레이션 시기에는 대체자산을 헤지 수단으로 보유한다는 점이다. 특히 실질금리와 함께 움직이는 금 수익률이 높았던 점은 기억해 두길 바란다. 주식에 투자할 때도 금속 등 원자재나 금 시세와 연관성이 큰 산업이나 업종에 베팅하는 전략이 유용할 것으로 보인다. 앞서 통신, 필수 소비재, 유틸리티 등이 스태그플레이션 국면에서 가격 변동성이 낮았다는 점도 참고하면 좋을 것이다. 그러나 이것은 어디까지나 이론이고, 케빈 아빠가 금이나 주식 등의 투자 전문가도 아니다. 모든 투자를 실행하기 전에는 꼭 전문가와 상의하기를 바란다.

가정을 위한 필수선택, 생명보험

케빈 아빠는 보험업계와 전혀 관계가 없지만, 생명보험은 자신과 가정을 위해서 필수라고 생각한다. 따라서 주변에 보험을 강력하게 권하며, 비싼 보험료 때문에 유니버셜 생명보험을 꺼리는 이들에게는 상대적으로 저렴한 기간제(Term) 보험이라도 가입하라고 권한다.

오래전 회사에 '멋진 부산 남자' 미스터 K가 있었다. 마침 우리 집과 가까운 곳에 거주하고 있어서 케빈 아빠의 동생과 카풀을 하고 있었다. 어느 날 퇴근길 사거리에서 소방차를 보고 차를 세웠는데, 이를 미처 보지 못한 뒤차가 동생 차를 받는 사고가 있었다. 그 후로 미스터 K에게 보험을 권하였고, 아내와 어린 아들 둘을 걱정한 그는 부담은 많이 되었지만, 순순히 생명보험을 들었다. 6개월 후 회사를 그만둔 그는 모아둔 자금으로 리커스토어(Liquor Store)를 매입하였다. 회사 직원이 독립하여 개인사업체를 인수하였으니 당연히 축하 인사차 방문하였다. 그러나 그곳은 염려했던 대로 우범지대였다. 케빈 아빠는 너무 걱정되어 물었다.

"K형! 지난번에 가입한 보험은 잘 가지고 있지요?"

"사실은, 가게를 매입하느라 자금이 조금 부족해서 취소하였습니다."

케빈 아빠는 그가 보험을 취소하였단 대답에 실망하였고, 또 걱정이 되어 야단을 쳤다.

"아니! 이런 위험한 곳에서 비즈니스를 하려면 없는 보험도 들어야 할 상황인데, 있는 보험을 취소했다고요? 언제 취소하였나요?"

"아직 한 달이 채 되지 않았습니다."

"그것참 다행입니다. 취소한 보험이 한 달이 아직 되지 않았으면,

당연히 회복할 수 있으니 지금 당장 보험사 불러 문의하시고 회복시키세요."

그렇지 않아도 보험을 취소하고 꺼림칙했던 미스터 K는 바로 보험을 회복하였다. 그러나 불행은 곧바로 찾아왔다. 가게에 손님으로 왔던 17세 소년이 물건을 훔쳐서 도망을 쳤고, 이를 본 K는 그를 혼내줄 요량으로 조금 더 멀리 쫓아갔던 것 같았다. 불행하게도 소년은 권총을 소지하고 있었고, K는 다시 돌아오지 못하였다. 그나마 급하게 회복한 그의 생명보험 덕분에 그의 유족들은 조금이나마 물질적으로 위로를 받았고, 적어도 자녀들이 공부를 마칠 때까지 금전적인 걱정은 하지 않아도 되었다.

케빈 아빠는 이 사건을 겪은 후 모든 이들에게 조금이라도 경제적인 여유가 있다면, 특히 자녀들이 어리고, 부양해야 할 가족들이 있다면, 그들에게 더 적극적으로 생명보험을 권하고 있다.

유니버설 생명보험(Universal Life Insurance)은 종신보험의 일종이기는 하지만, 일반적인 종신보험(Whole Life Insurance)과는 달리 유연성 있는 생명보험 상품 중 하나로 수익성 및 보험료 지급에 대한 유연성을 제공하는 보험이다. 일반적으로는 기간제 생명보험(Term Life Insurance)이 가장 많이 알려져 있다.

유니버설 생명보험 계약자는 보험료를 자신의 금융상황에 맞게 조절할 수 있다. 이는 개인의 금융 목표와 필요에 따라 보험료를 증액 또는 감액할 수 있음을 의미한다. 또한 유니버설 생명보험은 종신보험과 달리 현금가치를 누적하지만, 이를 투자할 수 있는 옵션을 제공한다. 계약자는 자신의 보험료를 투자계좌에 넣어 성장시킬 수 있고, 이로부터 발생하는 수익에 대한 세금혜택도 받을 수 있다. 계약자는 보험 가입 시 사망금액을 선택할 수 있으며, 이를 나중에 변경할 수도 있다. 가족 상황이나 금융 목표에 따라 필요한 보험금액을 조정할 수 있다는 얘기다. 또한 일부 경우에는 보험료를 내지 않고 보험을 계속 유지할 수 있는 유예기간을 제공한다. 이는 재정 상황이 어려운 경우에 유용할 수 있고 현금가치를 이용해 은퇴계획을 세우거나 자녀의 교육비용을 지원하는 등의 목적으로도 활용할 수 있다. 그리고 일반적으로 유니버설 생명보험은 세금혜택을 제공한다. 보험료 지급 및 현금가치 성장에 대한 세금우대 정책이 적용될 수 있다.

작지만
중요한 원칙

07

불필요한 소송을 피하자

미국에는 "The rich man's closest friend is litigation"(부자의 가장 친한 친구는 소송이다)라는 말이 있다. 이 말은 일반적으로 부자들이 법적 분쟁을 자주 경험하고 법적인 문제에 노출되는 경우가 많다는 의미로 사용된다. 그러나 자신이 조금 더 손해 보고, 상대방을 조금 더 이해하고 양보한다면, 소송 건은 조금 더 일찍 해결될 수 있다. 그래도 피할 수 없다면 스트레스받지 말고, 최대한 성실하게 그리고 공정하게 대응하면 된다.

케빈 아빠 소유의 건물 뒤에 있는 부동산 주인이 소송을 건 지도 1년이 넘었다. 물론 아직 진행 중이다. 그는 20년 넘게 케빈 아빠의 땅을 무료로 이용하고 있었다. 이즈먼트(Easement/Ingress & Egress), 즉 통행권 없이 마음대로 이용했는데, 수도 또한 무료로 사용해 오고 있었다. 비용이 얼마 안 되어서 주면 받고, 주지 않으면 안 받으면서 지냈었다. 문제는 그가 부동산을 팔려고 할 때 발생했다. 시장에 내놓았으나 그의 부동산엔 수도 권한(Water Right)이 없어서 팔리지 않았던 것이다. 이제 와서 그는 피닉스시에서 받는 수도 수급권(Water Account)이 자기 것이라며 소송을 걸어온 것이다. 담당 변호사는 웃으며 말했다.

"말도 안 되는 소송이네요. 불필요한 소송은 피하면서 살아야 하지만, 일종의 독감 같은 것이라서 피할 수 없을 때가 많습니다. 그럴 때는 저희에게 맡겨 두시고 스트레스받지 마세요."

그래도 소송은 싫다. 살면서 가장 많이 받는 스트레스가 소송일 것이다. 소송은 피할 수 있다면 피해 가는 게 좋다.

케빈 아빠는 오늘도 소송을 하나 피해 갈 수 있었음에 감사한다. 할리우드에 있는 맨션의 세입자가 이사를 나갔다. 집을 너무 좋아하는데, 태어난 아이가 자라면서 집이 좁게 느껴져 아이에게 더 좋은 환경을 주고 싶어 이사를 간다고 하였다. 불과 3년을 살았지만, 큰 개가 있어서 문짝 등 여러 군데를 긁거나 긁어 놓았고, 벽에는 대형 TV 벽걸이를 다느라 구멍도 크게 남겨서 수리도 하고 페인트도 새로 하게 되었다. 청소도 전혀 안 하고 이사를 나갔다. 일반적으로 이럴 때 보증금(Security Deposit)에서 제하고 돌려주어야 하는데, 세입자가 금액에 동의하지 않았다. 부

이즈먼트 갈등이 있는 애리조나 메이어에 있는 케빈 아빠의 별장

부 중 와이프가 변호사인 그들은 소송을 하겠다고 나섰다. 막상 그들과의 갈등으로 문제를 만든 아파트 관리 매니저인 케빈은 발리로 휴가를 가버렸다. 급하게 LA로 달려간 케빈 아빠는 세입자와 연락해 보증금 전액을 그대로 돌려주고 말았다. 되돌아보면 크고 작은 소송들이 많이 있었다. 제아무리 내가 옳다 한들 소송을 하여서 좋은 것은 하나도 없다. 불필요한 소송은 피해 가자.

💰잠깐! **이즈먼트(Easement)란?**

이즈먼트(Easement/ingress and egress)는 '이용 및 통행 권한'으로 다른 사람이나 부동산 소유자가 특정 타인의 부동산을 통해 들어가거나 나갈 수 있는 권한을 말한다. 세부적으로 살펴보면 다음과 같다.

1. 이용권한은 특정 부동산을 통해 들어가거나 특정 부동산에 접근하는 권한을 말한다. 예를 들어, 인접한 맹지의 부동산 소유자가 자신의 부동산으로 들어가기 위한 통로를 건너 다른 부동산을 통과해야 하는 경우 이용권한이 필요할 수 있다.
2. '통행권한'은 특정 부동산에 들어가고 나가는 권한을 말한다. 다른 부동산에서 들어가고 나가기 위해 특정 부동산을 통과해야 하는 상황에서 '통행권한'이 부여될 수 있다.
3. 권한은 언제 발생하는가?
   - 부동산 소유주가 부동산을 분할하여 매각하고자 할 때 뒷부분에 있는 맹지가 될 수 있는 땅에 Easement를 설정하여 매각하면 발생한다.
   - 내 부동산 주위의 맹지 소유자가 나에게 보상을 해주면서 요청하였을 시 이에 동의한다면, 법원에 등기를 하여야 한다.

- 부동산을 매입하였을 때 이미 Easement가 설정되어 있으면, 이 조항을 존중하고 이행하여야 한다.

이러한 이즈먼트는 부동산 소유자 간에 합의에 따라 설정될 수 있고, 때로는 법적으로 강제될 수도 있다. 이용 권한 및 통행 권한은 부동산 소유자의 권리를 제한하거나 다른 부동산 소유자에게 특정 혜택을 제공할 수 있다. 따라서 부동산 거래 및 소유권에 영향을 미칠 수 있는 중요한 법적 요소이므로 이 권한이 설정되어 있다면, 부동산 소유자는 그 권한을 존중하고 유지해야 하며, 타인이나 부동산 소유자에게 이용 및 통행 권한을 침해해서는 안 된다.

부자는 세금을 피하지 않는다. 다만 절세할 뿐이다 - 3·3·3 법칙

"제가 부자가 되기 위해서는 무엇을 어떻게 하면 되겠습니까?"

"부자가 되는 비결을 알려 주십시오"

미국에 사는 청년이 이렇게 질문을 한다면, 케빈 아빠는 주저 없이 대답할 것이다.

"세금을 정확하게 많이 내겠습니다."

케빈 아빠는 젊었을 때 조그마한 의류소매업을 하면서 한 해에 세금을 몇십만 달러를 낸 적이 있었다. 규모가 비슷한 다른 사람에 비하면, 아마도 훨씬 더 많이 납부하였을 것이다.

한 번은 회사의 부사장으로부터 급하게 전화가 왔다.

"큰일 났습니다. 애리조나 세무국에서 오딧(Audit/ 회계감사)이 나왔습니다. 지금 빨리 오셨으면 합니다."

"뭐 큰일이야 있겠습니까? 곧 가겠습니다. 그런데 지금까지 모든 것을 정확히 보고하신 건 맞지요?"

"네, 확실합니다. 그것은 걱정하지 않으셔도 됩니다."

CPA 출신인 부사장은 모든 서류 정리와 보고를 정확히 하는 것으로 명성이 자자했다.

그날부터 애리조나 세무국에서 하는 감사는 3개월이나 진행되었다. 우리는 그들이 요구하는 5년 치의 모든 서류를 내놓았고, 그들은 수시로 추가 서류를 요청하였다. 서류가 너무 방대하게 많았고, 또 그들도 정확하고 세심히 진행하였던 터라, 세무감사팀에게 회사의 사무실 하나를 아예 별도로 내어 주었다. 처음에는 만나면 인사도 하고는 하였는데, 그들은 의도적으로 만남을 피하였고 우리가 주는 커피도 한 번도 받아 마시지 않았다. 감사가 끝나갈 무렵 그들을 마주쳤을 때 농담으로 그들을 떠보았다.

"우리 회사는 세금 보고를 제대로 하였을 텐데, 혹시라도 실수로 세금을 더 납부하였다면 돌려주기도 합니까?"라며 물었다.

"환급하는 일은 없습니다. 혹시라도 덜 납부하였다면, 추가로 고지하겠지만 지금으로서는 모두 완벽해 보입니다."

세무 감사를 하는 기관들은 연방 IRS나 주(State) 세무국이 모두 연결되어 있기에 한 번 감사에 통과하면, 다음 10년 정도는 다시 감사 나올 일도 없었다.

케빈 아빠는 처음 사업을 시작하면서 회계사 마이클 김에게 세금 보고에 대한 '3·3·3 법칙'을 배웠고 이를 실행하며 성실히 납세 신고를 하였다.

3·3·3 법칙이란 "3번 중의 1번은 나에게 세무감사가 나올 것이라고 가정하고 정확하게 납세 신고할 것! 3년 중의 1번 세무감사가 나올 것이라고 예상하고 성실하게 납세 신고할 것! 그래도 감사를 피해 갔으면, 3년의 3번 즉 9년에 1번은 반드시 감사가 나오니 준비할 것!"이었다. 이 법칙에 맞게 나름 성실히 납세 신고를 해왔는데, 드디어 30년 만에 세무감사가 나온 것이다.

세월이 지나고 보니 성실한 납세 신고는 국가를 위한 것이 아닌 자신을 위한 것이었다. 특히, 부동산에 투자하려면 대출신청은 필수인데, 대출신청의 가장 중요한 기본 서류 중의 하나가 최근 3년 치의 '세금보고서'였다. 이 세금보고서는 미국 주류사회에서 케빈 아빠를 가장 막강한 '특급전사'로 만들어주는 도구이자 무기였고, 어느 융자기관에 가더라도 케빈 아빠의 **황금으로 된 '명함'**이 되어 주었다.

선택과 나눔의 7 대 3 법칙

케빈 아빠의 동생은 지금 캐나다에서 사업을 하고 있다. 오래전 케빈 아빠가 회사를 운영할 때, 하나뿐인 동생은 부사장으로 정말 열심히 헌신하며 일했다. 타고난 부지런함과 스마트한 머리로 부사장직을 잘 수행하고 있었다. 그러던 어느 날 동생이 사고로 내 품에서 죽는 꿈을 꾸었다. 어려서 형의 죽음을 경험했던 케빈 아빠는 너무 놀라서 꿈에서 얼마나 울었는지 모른다. 그 꿈 이후 동생 가족을 생각하며 동생 명의로 생명보험에 가입하였고 보험료도 내가 계속 대납했다. 그리고 동생에게는 매장 하나를 내주어 독립시켜서 보냈다. 동생은 열심히 하였고 한 개이던 매장은 세 개로 늘었다.

그런데 각자 회사를 운영하다 보니 시너지효과가 없었다. 동생과 의논 끝에 쉽지는 않았지만, 회사를 다시 하나로 합병하기로 하였다. 당시에 케빈 아빠가 운영하던 매장이 7개, 동생이 3개를 가지고 있었으니 7:3 비율이었다. 이후로 우리는 계속 회사 규모를 키워 나갔고 건물이나 땅 등 부동산을 매입할 때도 7:3 비율을 계속하여 유지하였다. 동생이 지급할 자금이 없을 때도 내가 대신 내면서 7:3 법칙은 계속되었고, 이후 동생은 독립하여 한국과 캐나다를 오가며 사업을 잘 운영하고 있다.

돈만을 쫓다 보면 나눔의 의미나 가치를 잊기 쉽다. 사업이든 투자든 자신만의 나눔의 가치를 실현하는 방법을 만들어 실행해 보자. 돈의 가치가 늘어나는 경험을 하게 될 것이다.

풍요로운 노후를 위해 준비해야 할 것들

노후를 준비하는 것은 재정적 안정뿐 아니라 늙어서 나와 내 가족의 삶의 질을 유지하기 위한 것이다. 노후를 위하여 충분한 저축 계획을 세우고 투자를 통해 재정적 안정을 확보하자.

❶ 연금 등 자본 계획을 세우자

우선 연금 계획 및 자기 전략을 개발하자. 연금만으론 살기 힘들다. 무언가를 만들어야 한다. 건강보험, 생명보험, 상해보험 등을 검토하여 노후에 대비한 보험 계획을 수립하자. 생명보험 가입은 되도록 젊어서 시작하자. 생명보험은 나를 위한 것이 아닌 가족을 위한 투자이며 안전 장치이다. 노후에 무거운 부채를 가지고 있으면 재정적 스트레스를 줄이기 어렵다. 부채를 관리하고 먼저 갚아 나가자.

❷ 건강은 기본이다 – 운동, 식습관, 건강검진

건강을 유지하기 위한 꾸준한 운동과 건강한 식습관을 유지하고 예방의학 검진을 받자. 노후에도 자신의 관심사와 취미를 즐길 수 있는 활동을 찾아보자. 힘들 땐 여행을 떠나는 것도 좋다. 여행은 그대에게 힐링을 줄 것이며, 그대의 삶을 더욱 풍성하게 해줄 것이다. 가족과 친구,

사회활동을 통해 사회적 연결을 유지하고 고립을 방지하자. 요즈음엔 페이스북 등 SNS가 너무 잘 되어 있으니, 스스로를 외롭게 하지 말자.

❸ 법적 문제의 처리 계획도 잊지 말자

유산 계획 및 의료 대리 결정과 같은 법적 문제를 놓치기 쉽다. 이는 누구도 대신해 줄 수 없으니, 계획을 세우자. 증여상속제도인 트러스트(Trust)를 셋업하거나 유언장(Certificate of Will) 작성과 LLC(유한책임회사) 법인에 자녀의 이름을 추가하는 것도 한 방법이다. 이에 따른 주거환경의 변화도 고려하자. 주택소유, 임대소득 또는 노후를 위한 적절한 집을 마련해 두자. 유한회사에 자녀들의 이름을 추가하는 것은 설립 정관(Operating Agreement)을 일부 수정하는 것으로 아주 쉽게 변경할 수 있으며, 이는 상속세를 절세하는 한 가지 방법일 수도 있다.

❹ 고급 차보다 부동산!

부동산 투자는 젊어서 시작하는 것이다. 긴 시간을 기다려야 하는 부동산 투자의 메커니즘을 생각한다면 당연하다. 돈이 남아서 하는 것이 아니니 법칙은 하나다. 근검절약하는 자세로 부동산을 사라. 은퇴를 위한 가장 좋은 준비가 부동산 투자라고 강조하고 싶다. 케빈 아빠는 28세에 첫 부동산 투자를 시작하였다. 여유가 있어서는 아니었다. 운이 좋아서는 더욱 아니었다. 공부하고 준비한 대로 실행하였을 뿐이었다.

❺ 취미와 휴식을 통해 삶을 즐기자

노후생활을 즐기기 위해 취미시간을 즐기고 휴식을 취하는 것도 중요하다. 스트레스 관리와 정서적 안녕은 삶을 더울 풍요롭게 할 것이다.

정신적 풍요로움을 위해 취미활동도 놓치지 말자. 취미생활 열심히 하는 사람치고 나쁜 짓 하는 사람 없다.

❻ 한 분야의 전문가가 되자

어떤 분야의 전문가가 된다는 것은 어려운 일이다. 그러나 짧다면 짧고 길다면 긴 인생에 삶의 발자취를 남길 수 있으니 또한 의미 있는 일이다. 노후에 누구나 한 가지쯤 잘 알고 있지 않을까 싶어 둘러보아도 진정한 전문가를 찾는 건 쉽지 않다. 그만큼 한 길을 한눈팔지 않고 살아온 사람이 드물다는 말이다. 꾸준히 한길을 걸어온 사람만이 누릴 수 있는 '전문가'란 칭호는 성실히 살았다는 훈장과 같다. 내가 가장 잘 알고, 잘할 수 있는 것을 하며, 그 분야에서는 최고의 전문가가 되어보자.

🌟 준비된 은퇴는 두렵지 않다

케빈 아빠는 10년 이상 당뇨가 있다. 그래도 아내가 음식과 약을 잘 챙겨주니 A1C 수치를 잘 유지하고 있다. 그러나 아내는 5년 전부터 매우 아팠다. 어느 날 갑자기 무기력해지기 시작하더니, 먹지도 마시지도 잘 못하고 급기야는 잘 걷지도 못하였다. 어렵사리 여러 병원을 찾아다닌 결과, 혈액 검사에서 병명을 찾아냈다. 자가면역 불균형을 동반한 '쇼그렌 증후군'이라고 하였다. 면역력이 결핍되면 기운이 빠지며 힘들어지고, 면역력이 과잉되면 오히려 자신을 공격한다고 하였다.

아내의 건강이 악화하자 우리는 운영하던 회사를 과감히 매각하고, 한국행 비행기를 탔다. 아무래도 무덥고 건조한 애리조나보다는 모국인 한국이 더 좋을 것 같아서였다. 아내는 처음에는 경주에 있는 힐링센터에 입주하여 치료에 전념하였고, 조금 회복이 되자 함께 여행을 다녔다. 우리는 차에 텐트를 비롯하여 모든 짐을 싣고 공기 좋고 물 맑은 곳을 찾아 방랑생활을 시작하였다. 아내는 특히 남한산성 둘레길을 좋아하였다. 산이 높지도 않고, 성안에 있는 산성마을은 차로 운전하고 올라가기에도 편했다. 성곽을 따라 걷는 둘레길은 길도 좋고 무엇보다도 아내와 같은 환자들이 걷다가 힘들면, 어느 곳에서나 바로 아랫마을로 내려올 수 있는 것이 좋았다. 또 남문 근처 잣나무 숲에 쉼터가 있어서 점심 무렵에 아내는 잣나무 아래서 한잠을 자고는 하였다. 처음에는 20~30m도 못 가서 힘들어하며 쉬어 가기를 반복하였으나, 차츰 50m를 넘길 수 있었고 1개월 후에는 (비록 하루 종일 걸렸지만) 쉬엄 놀멍 3km가 넘는 길을 완주할 수 있었다.

그렇게 어느 정도 몸을 회복한 후 미국으로 돌아와서는 아내에게 골프클럽을 사주며 함께 골프를 치러 다니자고 설득하였다. 그렇게 우리는 연습 한번 없이 필드로 나갔다. 맞추기도 어렵고 비거리도 제대로 나올 리 없었지만, 골프공을 톡 치면서, 또 힘들 땐 골프공을 그냥 손으로 집고, 카트에 앉아서 간신히 18홀을 마치고는 하였다. 그렇게 1년이란 시간이 흐르면서 아내는 차츰 건강이 좋아지기 시작하였고 지금은 제법 골프를 즐기고 있다. 그저 모든 것이 감사할 따름이다.

은퇴 후 캠핑카를 구매해 캘리포니아 해안으로 떠난 여행

은퇴 준비는 IRA 로

09

"Traditional IRA 로 주식에 투자하고 있어요."

어느 날 친분 있는 교회 집사님과 처조카가 IRA 계좌로 본인이 직접 주식투자를 하고 있다며 귀띔해 주었다. 미국에서 은퇴준비를 한다면 제일 많이 듣는 대비책이 이 IRA(개인은퇴계좌)이다. IRA는 'Individual Retirement Account'의 약어로, 개인의 퇴직계좌를 만들어 퇴직 시점에 사용하기 위해 투자할 수 있는 계좌이다. 일찍 시작할수록 혜택이 많고 공제혜택에 세금까지 절약할 수 있다. 소득세 감면을 받으려면 IRA 계좌에 투자할 때 일정한 규칙과 제한을 따라야 한다. 은퇴를 준비할 때 도움이 되는 것은 물론, 자산을 불려 나가는 데도 활용할 수 있다.

Traditional IRA(전통 IRA)

전통적인 미국의 개인은퇴계좌를 말한다. 대표적인 세금공제(Tax-Deferred) 계좌로 유예 또는 연기 혜택을 받을 수 있다. 현재는 세금공제를 받고 은퇴 후 돈을 찾을 때 세금을 내는 것이다. 즉 소득공제를 받는 시점보다 은퇴 시점에 본인의 소득세율이 낮아졌을 때 유리하다.

전통 IRA는 납부금액에 따라 세금혜택이 적용되는데, 연간 세금보고에서 공제받을 수 있다. 최대 공제한도는 연간 총소득의 일부 또는 6,000 달러(2022년 기준) 중 적은 금액이다. 만약 50세 이상이라면 추가로 1,000 달러의 '캐치 업(catch up)' 공제도 받을 수 있다. 세금은 은퇴 후 출금을 시작할 때부터 발생한다. 은퇴계좌인 만큼 일반적으로 자금을 찾을 수 있는 최소 나이는 59.5세이다. 그 전에 찾으면 10%의 조기인출 페널티가 부과된다. 단, 집 구매 및 수리, 의료비 지출, SEPP(지속적인 동일 금액 인출), 고등 교육비 등 일정한 조건에서는 조기인출 페널티가 면제되기도 한다. 반대로 73세부터는 일정한 금액을 필수적으로 출금해야 하는 '최소분배금(RMD: Required Minimum Distributions)' 규정이 있다. 이 RMD를 받지 않으면 막대한 벌금이 부과될 수 있으므로 유의해야 한다.

전통 IRA에 가입하려면 월급, 사업 소득(Business Income), 자영업 소득(Self-Employment Income) 등을 포함한 근로소득(Earned Income)이 있어야 한다. 이자나 배당, 렌트 수입(임대사업자가 아닌 경우) 같은 불로소득(Passive Income)이 아니라면 모두 근로소득으로 인정된다.

전통 IRA의 장점은 당장 세금공제를 받을 수 있다는 것이다. IRA에 6,000달러를 납부하였고, 소득세율이 22%라고 한다면 당해 연도 세금 중에서 1,320달러를 공제받을 수 있다. 또한 전통 IRA에서 발생한 투자 소득에 대해서도 당해 연도 세금공제 혜택을 받게 된다. 이 외에도 교육비(qualified college expenses), 생애최초 주택구매비(first home buying) 등으로 사용할 때는 페널티 없이 찾을 수 있다는 장점이 있다. 물론 인출금액에 대한 소득세는 부과되며, 생애최초 주택구매비 인출의 경우 최대 10만 달러까지만 가능하다.

Roth IRA(로스 IRA)

로스 IRA는 비과세 은퇴계좌이다. 즉, 계좌에 선불로 내는 금액에 대해서는 세금을 납부하지만, 은퇴 후 찾을 때는 세금을 내지 않는다. 납부할 때 소득세 공제는 없지만 과세 없이 자금을 찾아갈 수 있다.

로스 IRA는 납부할 때가 아닌 찾아갈 때 세금혜택이 적용된다. 세금후 수입에서 적립하는 대신 은퇴 후 돈을 찾기 시작할 때 이에 대한 세금을 내지 않는 것인데 그동안 자라난 이자에 대해서도 추가 세금을 납부하지 않아도 되는 셈이다. 또 73세 이후에도 RMD 규정이 없어서 출금 시 세금부담을 최소화할 수 있다. 로스 IRA도 일해서 번 돈, 근로소득이 있어야 가입할 수 있다.

전통 IRA와 마찬가지로 납부한도가 있는데, 연간 총소득의 일부 또는 6,000달러(2022년 기준) 중 적은 금액이다. 50세 이상이라면 추가로 1,000달러의 '캐치 업' 한도가 적용된다. 일반적으로 로스 IRA 투자는 나이와 무관하게 언제든지 원금을 찾을 수 있으며, 이자와 성장분은 일정 기간 무과세로 유지된다.

로스 IRA의 장점 중 하나는 언제든지 세금과 벌금 없이 납부금을 찾아갈 수 있다는 것이다. 따라서 은퇴를 위해 저축하고 싶으면서도 필요할 때 유연하게 자금을 사용할 수 있기를 원하는 사람들에게 적합하다. 또 다른 장점은 RMD를 받을 필요가 없다는 것이다. 즉, 원하는 기간 동안 계속 비과세로 돈을 불릴 수 있으므로 당장 돈이 필요하지 않은 사람들에게는 유리하다. 따라서 IRA에 있는 돈이 은퇴 시점에 얼마나 늘어날지는 전적으로 어떤 투자 대상을 선정하는지에 달려 있다. 참고로 전통 IRA에 있는 금액은 로스 IRA로 전환하거나 다른 세금유예 IRA로 연장할 수도 있다.

IRA 활용하기

전통 IRA는 과세유예 저축을 제공하는 반면, 로스 IRA는 비과세 저축을 제공한다. 이렇듯 전통 IRA와 로스 IRA에는 주요한 차이점이 있으므로 IRA를 선택할 때는 나이, 소득, 과세구간 등 개인의 재정상황 등을 고려해야 한다. 인출 시 세금에 미치는 영향도 살펴야 한다. 전통 IRA의 경우 인출금액은 인출한 해에 일반소득으로 과세된다. 즉, 은퇴 시 많은 금액을 인출하면 더 높은 과세구간으로 분류되어 더 많은 세금이 부과될 수 있다. 반면에 로스 IRA는 계좌를 개설한 지 5년 이상이고 만 59.5세 이상이면 은퇴 후 인출 시 세금이 면제된다. 은퇴 후 지금보다 더 높은 세율을 받을 것으로 예상되는 경우 유리하게 작용할 수 있다.

로스 IRA에 적립하는 데에는 소득제한이 있다는 점도 유의해야 한다. 2021년부터 수정 조정 총소득(MAGI)이 14만 달러 이상인 개인과 20만 8,000달러 이상인 부부는 로스 IRA에 납부할 수 없다. 그러나 전통 IRA에 적립하는 데는 소득제한이 없다. 또한 현재와 미래의 세금상황을 고려하는 것도 중요하다. 현재 높은 과세구간에 속한다면 지금 전통 IRA에 납부하여 세금공제를 받고 은퇴 후 낮은 과세구간에 속할 때 자금을 찾는 것이 유리할 수 있다. 그러나 향후 소득 및 과세 구간이 증가할 것으로 예상될 때는 로스 IRA가 더 나은 선택일 수 있다.

이 외에도 중소기업이나 직원, 자영업자를 위한 '심플(SIMPLE: Savings

Incentive Match Plan for Employees) IRA' 'SEP(Simplified Employee Pension) IRA' 같은 퇴직계좌도 있으니, 개인의 재정상황과 목표에 따라 선택해서 활용해 보자.

세금상황, 인출계획, 기업구조, 고용주의 의도 등을 고려하여 적절한 IRA를 선택하는 것이 중요하다. 어떤 유형의 IRA에 투자할지 결정할 때는 세금, 소득한도 및 향후 목표와 같은 요소를 고려하는 것이 중요하다. 전문가의 의견도 들어 보고 자신의 재정상황과 목표에 맞게 활용해 보자.

제2장

왜

부동산인가?

왜
부동산 투자인가?

부동산 투자가 왜 매력적인지 이해하기 위해서는 과거 30년간 부동산 가치의 사이클을 살펴보고, 부동산 투자의 이점을 분석해야 한다. 몇 가지 주요 이유를 살펴보자.

과거 30년 동안 부동산 시장은 충분히 안정적이고 예측 가능한 수익을 제공해 왔다. 정부 정책, 인구 증가, 지역 경제의 성장 등에 영향을 받아왔지만, 주택가격은 장기적으로 꾸준히 상승하는 **우상향 곡선**을 그려왔다. 이러한 안정성은 투자자에게 믿을 만한 수익을 제공하였고, 부동산은 대출을 이용하여 투자하기에 가장 적합한 자산이었다. 주택이나 상업용 부동산을 구매할 때 부분적으로 대출을 이용할 수 있으며, 이것은 투자자가 더 많은 자본을 투자하는 데 도움을 줄 수 있다. 또한 부동산은 원가 평가를 기반으로 대출을 받을 수 있어서 비교적 낮은 리스크로 대출을 얻을 수 있다.

또한, 부동산 투자는 임대수익을 통한 현금흐름(Cash Flow)도 만들 수 있다. 월별로 안정적인 현금수익을 창출하면서, 장기보유 시 자산의 가치가 더욱 높아지는 부동산 투자는 다음과 이점도 있다.

• 인플레이션 대비 : 부동산은 인플레이션을 대비하는 데 가장 효과

적인 자산이다. 인플레이션이 오르면 주택가격과 임대료도 일반적
으로 상승하므로 부동산 투자자는 자산의 가치를 보존하고 늘리는
데 도움이 된다.

- 다양한 투자 옵션 : 부동산 투자는 다양한 형태로 이루어질 수 있
  다. 단독주택, 다가구 주택, 아파트, 상업용 부동산, 토지 등 다양
  한 옵션이 있어 투자자의 선호와 목표에 맞게 선택할 수 있다.
- 세제혜택 : 미국에서는 부동산 투자에 많은 세제혜택을 제공한다.
  이를 이용하여 부동산 투자의 수익률을 더 높일 수 있다.

물론 부동산 투자에도 단점은 있다. 인플레이션으로 거품이 발생한
자산들이 원래 가격을 찾아가면서 물가가 지속해서 하락하는 디플레이
션 시에는 불리하다. 이렇게 시장 변동성에 영향을 받는 것은 어떤 투자
에서나 있는 단점이니 참작해야 한다. 부동산 투자는 장기적인 관점에
서 접근해야 하다 보니 유지나 보수 등에도 신경 써야 한다. 생각지 않

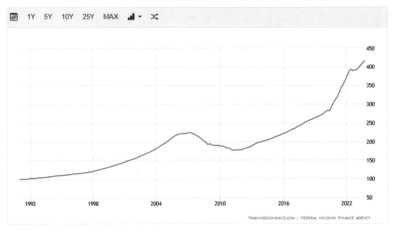

미국주택가격지수

출처: tradingeconomics.com

은 유지·보수에 돌발적인 비용이 생기기도 한다. 또한 큰 금액이 오가다 보니 거래사고에도 특히 유의해야 한다. 투자 전 충분한 분석은 필수다. 따라서 부동산 투자는 장기적인 관점에서 안정적인 수익을 추구하는 투자자에게 적합하다.

핵심은
레버리지 효과이다

부동산 투자에서 레버리지 효과(Leverage Effect)는 융자나 금융대출이 투자수익에 미치는 영향을 설명할 때 사용하는 개념이다. 또한 투자자가 자기자본 대비 대출자금을 얼마나 사용하는지를 나타내는 자료이기도 하다. 이를 통해서 투자수익을 더 높일 수 있지만, 동시에 투자위험도 증가시킬 수 있으니 유의하여야 한다.

레버리지 효과를 이해하기 위하여 다음 예시를 살펴보자.

🏑 레버리지 없는 투자

투자자 A가 10만 달러를 가지고 부동산을 구매한다고 가정해 보자. 부동산 가치가 시간이 지남에 따라 10% 상승한다면, A의 수익은 1만 달

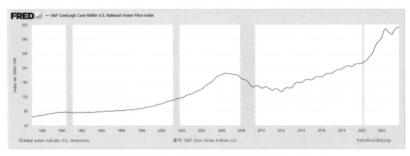

미국 전국주택 가격지수/음영 부분은 미국의 경기침체를 나타낸다.

출처: S&P Dow Jones Indices LLC

러(10만 달러의 10%)이다. 그러므로 투자자 A가 얻은 투자수익은 자기자본에 비례하여 10%이므로 1만 달러이다.

⭐ 레버리지 있는 투자

투자자 B는 10만 달러의 자기자본을 가지고 10만 달러를 대출받아 총 20만 달러로 부동산을 구매한다고 가정하자. 부동산 가치가 10% 상승한다면, 부동산 가치는 22만 달러가 된다. 투자자 B의 자기자본은 같은 10만 달러이지만, 투자수익은 2만 달러가 된다. 따라서 투자자 B가 얻은 수익은 자기자본 대비 20%가 되는 것이다.

이 예시에서 보듯이, 투자자 B는 자기자본 대비 부동산 가치 상승률의 두 배인 수익을 올렸다. 이것이 레버리지 효과의 핵심이다. 그러나 레버리지는 부동산의 가치가 하락하는 시장에서는 부정적인 영향을 미칠 수도 있다. 만약 부동산 가치가 10% 하락한다면, 투자자 B는 자기자본을 상실할 위험이 있는 것이다. 그러나 지난 30년 동안 부동산 가치의 패턴으로 본 투자와 가치의 상승은 리먼 브라더스 사태 같은 특별한 경우를 제외하고는 꾸준히 상승 곡선을 이루고 있음을 볼 수 있다.

그림으로 보는 레버리지 효과

출처: www.twinkl.kr

부동산 투자의 기본 법칙

03

부동산 투자는 장기적인 관점에서 부의 형성과 안정적인 재무상태를 유지하기 위한 중요한 수단이다. 부의 증대를 추구하는 사람들에게도 매력적인 투자방법으로 손꼽힌다. 모든 투자가 그렇듯이 부동산 투자도 무작위라거나 운이라는 말로 성공을 이룰 수는 없다. 부동산 시장을 신중하게 탐색하고, 자신의 목표와 리스크 허용치를 고려해 지혜롭게 투자하는 것이 핵심이다. 모두 신중한 계획의 결과인 셈이다.

부동산 투자는 부자로 잘살기 위한 가장 중요한 기본 중의 기본이다. 부동산 시장은 다양하고 복잡하기 때문에 성공적인 부동산 투자를 위한 몇 가지 기본 법칙을 알아보자. 이러한 원칙을 따르면 일반인들도 부동산 투자에서 더 나은 성과를 얻을 수 있을 것이다.

⭐ **부동산에 투자하기 전, 다음 사항들을 먼저 점검하고 결정하여야 한다.**
① **부동산 투자의 목적 수립** – 왜 부동산에 투자하려고 하는가?
② **부동산 투자의 유형 결정** – 장·단기 투자의 유형도 먼저 고려 대상이다.

③ **부동산 투자의 종류 결정** – 어떤 종류의 부동산에 투자하려 하는 가?

④ **부동산 투자의 규모 결정** – 규모에 따라서 투자의 패턴이 달라질 수 있다.

이 원칙을 염두에 두고 다음부터 설명하는 부동산 투자의 기본부터 실전까지 하나하나 이해해 보자.

부동산 투자,
사전준비

04

위치가 중요하다 - 지역 주소를 외우는 건 기본

부동산 투자의 중요한 요소 중 하나는 지역의 선택이다. 부동산 시장은 지역마다 다르며, 인기 있는 지역은 가격 상승과 임대 수요가 더 높을 수 있다. 위치분석은 부동산 투자의 성공을 좌우하는 핵심 요소 중 하나다. 교통이 편리한 지역인지, 교육시설이 잘 갖춰진 지역인지, 상업시설이 발달한 지역인지에 따라 투자할 부동산의 종류도 달라지기 때문이다.

투자할 지역을 선택할 때는 그 지역의 경제, 산업, 인구 흐름, 교육시설, 교통 인프라 등 다양한 요소를 고려해야 한다. 요즈음엔 그 주(State)의 세금 (부과 또는 면제) 제도와 정치성향도 영향을 많이 받고 있다. 미국은 한국과 다르게 주별로 법이 다르기 때문에 생기는 현상이다. 총기규제나 낙태 등 정치적으로 민감한 판결들이 있을 때 이주를 고민하고, 이상기후나 자연재해를 피해 이주하는 일도 있다.

케빈 아빠는 애리조나 피닉스의 주소를 잘 숙지하고 있다. 모든 주소에는 일정한 법칙이 있기 때문이다. 동(東)쪽은 홀수, 서(西)쪽은 짝수이며, 남(南)은 홀수, 북(北)은 짝수이다. 중앙로는 '00'이며, 동으로는 주소가 00에서부터 숫자가 차츰 올라가는 'Street'이고, 서쪽으로는 00에서부터 숫자가 차츰 올라가는 'Avenue'이다. 주소를 알고 지형을 파악하고 나면 돈이 흐르는 길이 보이기 시작한다.

진짜 전문가는 주소부터 시작한다. 대체로 동서로 흐르는 길은 상가가 들어서며, 남북으로 흐르는 길은 주택들이 들어선다. 중심에서 동쪽으로 도시가 형성되어 부흥하고 도시의 서쪽으로는 더디게 성장한다. 메트로 피닉스도 서쪽이 로스앤젤레스(Los Angeles)로 가는 방향이며 더 가까워서 먼저 부흥하고 성장할 것 같았지만 지금까지도 개발의 속도는 더디기만 하다. 반면에 동쪽에 있는 위성도시들은 빠른 성장을 거듭하며 발전하고 있다. 이것은 단순한 풍수가 아니고 자연의 이치와 같다. 땅이 넓은 미국에서는 도시 서쪽에 사는 사람들은 아침마다 해를 정면으로 바라보며 출근하게 된다. 또 오후에 퇴근할 때면 지는 해를 바라보며 퇴근

애리조나 피닉스시 인근

출처: 구글 지도

해야 한다. 반면에 도시 동쪽에 사는 사람들은 태양의 방해를 받지 않으므로, 출퇴근 시간에 어려움이 없다. 사람들이 자연스럽게 동쪽을 더 선호하며 도심 동쪽이 먼저 발달하는 이유이다.

부동산 관련 단어와 친해져라

부동산 얘기를 할 때면 한국어보다 영어를 더 많이 사용하는 부동산 투자자나 중개인들을 본 적이 있을 것이다. 그들이 잘난 척한다고 오해하지 않았으면 좋겠다.

미국의 부동산 시장에는 바이어나 셀러, 중개인 등 많은 관계자가 있는데, 그중에는 한인만 있는 것이 아니다. 아무래도 미국인이 주류인 사회이다 보니 그들과 함께 대화하고 협상하고 서류를 작성하면서 부동산 전문용어들을 주고받게 된다. 그래서 한인들을 만나도 해석된 한국어보다 영어 단어를 그대로 사용하게 된다. 관계자 중 미국인이 있을 수도 있으므로 배려하는 차원이다.

사실 한인 고객들에게 사업상 설명할 때도 영어 단어 그대로 사용해야 나중에 있을 혼동을 방지할 수 있다. 또 한인 고객들도 그렇게 들어야 하나라도 더 확실하게 배울 수 있다. 이곳에서 모든 부동산 전문용어는 영어다. 이해 못 하는 단어가 나오더라도 당황하지 말고, 정확히 무엇을 의미하는지 물어보자. 체면상 하나의 단어를 놓치면 다른 단어도 줄줄이 놓치고 만다. 이는 그대로 내 자산에 직결된다. 가능한 부동산 관련 단어와는 친해지자. 부동산 전문가가 되기 위한 필수 과정이다.

부동산 중개인은 여러 명을 두어라

"의리가 있지, 부동산 중개 거래는 그 사람하고만 해야지."

정 많고 유대감 좋은 한국인다운 생각이다. 그러나 케빈 아빠는 여러 명의 중개인과 교제하고 통화를 하며 거래를 만들어간다.

미국의 부동산 중개인들은 본인들의 전문 분야가 따로 있다. 상가, 빌딩, 땅, 아파트, 주택, 호텔, 사업체, 골프장, 세차장, 상가 임대, 사무실 임대, 특정 도시와 지역 등… 생각보다 다양하게 세분되어 있다. 심지어 오로지 교회 건물만 취급하는 중개인도 있다. 그들을 통해서 지금까지 내가 전혀 모르던 내용들을 듣고 배움으로써 혹시라도 발생할 수 있는 실수를 피하고, 더 유리한 딜을 할 수도 있고 또 다음에는 이를 활용하여 투자에 적용할 수 있다.

오늘은 골프장만 전문으로 하는 에이전트로부터 이메일이 왔다. 그들과 대화를 나누다 보면 그들의 전문영역에 대하여 많이 배울 수 있고, 자주 만나다 보면 나도 전문가가 되는 것 같은 자신감도 생긴다. 오늘은 상가를 팔라는 매튜와 허드슨의 전화를 또 받았다.

"아~ 그 상가는 우리 와이프가 절대 팔지 못하게 한다고 말했잖아요."

"알아요~ 아는데, 도대체 얼마를 원하는데요?"

"됐고요~ 그런데 당신은 땅은 취급하지 않나요?"

은근슬쩍 물어보았지만 대답은 단호하다.

"No! 하지만 우리 회사에 땅 전문가는 많아요. 한 명 소개해 줄까요?"

"아니 됐어요~! 나중에 전화해 줘요!"

그들은 각자 전문영역이 있고 자기 분야가 아니면 일단 잡고 보자는 식도 아니다. 단호히 아니라고 밝히는 것이 전문가이다.

- HOA(Home Owners Association) : 콘도, 타운홈, 단독주택을 중심으로 형성된 단지 내 공동생활을 관리하기 위한 조직이며, 매달 혹은 주기적으로 집 주인에게 일정한 관리 비용을 청구한다.
- LOI(Letter of Intent) : 계약이 최종적으로 이루어지기 전에 계약 당사자들이 협약의 대략적인 사항을 조정하여 문서화하는 것으로, 매매나 합병 등의 과정에서 사용한다.

부동산 매수의 최적기는 언제인가?

타이밍을 놓치지 마라

부동산 투자에서 타이밍은 매우 중요하다. 이를 이해하는 것은 투자 성공 여부에 큰 영향을 미칠 수 있다. 부동산 시장은 시장 주기와 경기 변동성에 의해 주기적으로 변한다. 전에는 부동산 시장이 상승하였고, 그다음에는 하락장이 올 수도 있다.

부동산 시장의 적정 시기를 알기 위해서는 부동산 사이클을 알아야 한다. 부동산 시장의 사이클은 다음과 같이 6가지 단계가 지속해서 반복된다.

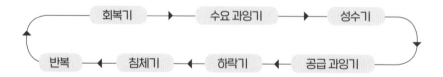

부동산 시장의 한 사이클은 대체로 8~12년 반복되며, 이자 변동이나 경기 부양책 등으로 인하여 한두 단계를 건너뛸 수도 있다. 지금과 같은 자산 인플레이션 시대는 성수기로 볼 수도 있는데, 공격적인 투자를 할

수도 있지만, 이미 올라버린 가격도 주의해야 한다. 물론 아직도 계속 오를 여력이 남아 있기는 하다.

아울러 '국제 투자자(International Investor)'라면 부동산 사이클뿐 아니라 환율의 변동과 흐름도 잘 파악하고 있어야 한다. 사실 국제 투자자는 자본 이익보다 환율 변동에 따른 수익이 더 클 수도 있다. 2024년 상반기에는 환율이 1,400달러까지 상승할 거라고 예상하는 경제 전문가들이 많은데, 좀 더 지켜보아야 할 일이다.

투자의 적기는 자본력이 된다면, 침체기와 하락기에 하는 것이 더 큰 수익을 올릴 수 있다. 그러나 안정적인 투자를 원한다면, 회복기와 성수기에 투자하는 것이 안전하다. 타이밍이 잘못된 경우, 소위 '상투를 잡았다'라는 표현대로 높은 가격에 매수하고, 시장 하락 시에 팔 수도 있다. 경기 침체기간에는 가격 하락의 위험이 클 수 있으니 주의해야 한다.

할리우드에 있는 6유닛 수익형 맨션 단지

DOM으로 사야 할 곳과 말아야 할 도시 찾기!

DOM(Days On Market)은 부동산이 시장에 매물로 나와서 팔리기까지 걸린 시간이다. 미국 정부는 이 수치를 데이터로 삼아서 경제지표의 한 부분으로 이용하고 있다.

주택을 매입하고 싶은 곳, 또는 이사를 하고 싶은 곳 중에서 최종 후보지 3~5 정도를 선택한다. 그 도시의 지난 1~3년의 DOM을 매 1~3개월 간격으로 데이터 뽑아본다. 이 데이터를 분석할 때 다른 곳과 비교하여 경기의 영향을 최소화하거나 제거하고, 그 도시 본연의 부동산 경기만을 분석하여야 한다.

DOM이 짧다는 것은 'Buyer's Market'을 의미하며, 부동산 엄밀히 그 도시의 주택시장이 활성화되어 있다는 것을 의미한다. 반대로 DOM이 길다는 것은 그만큼 주택이 팔리는 기간이 길어지므로 그 도시의 주택 시장이 매력이 없다는 것이다. DOM의 지표는 가장 최근의 발표일수록 분석에 도움이 되며, 더 낮을수록 주택가격은 비싸겠지만, 우리가 미처 살펴보지 못한 도시의 여러 가지 장점이 많다고 볼 수 있다.

매물이 시장에 나온 뒤부터 팔릴 때까지 걸리는 기간을 의미하는 '시장 대기기간'도 있다.

부동산의 흐름을 읽어라!

어렸을 때부터 호기심이 많은 편이었다. 1973년 국민학교 5학년이던 케빈 아빠는 서울 근교 위성도시의 시청 앞에 흐르는 개천 다리 위 난간에서 개천 옆으로 지나는 자동차와 사람들을 한참이나 바라보고 있었다.

문득 '청계천 복개'가 머리에 섬광처럼 스쳐 지나갔다. 청계천 복개 공사는 1958년부터 1978년까지 구간을 나눠서 시행되었는데, 당시 청계천에 살던 사람들은 봉천동, 신림동, 상계동, 광주 대단지(지금의 성남시) 등으로 강제로 이주하던 시기였다.

저녁에 밥을 먹으면서 아버지께 심각하게 말씀드렸다.

"아버지! 저 아래 시청 앞에 개천이 있지요? 그 양쪽 옆에 '목재소' '벽돌 공장' '고물상'들이 있는 그 땅들을 빨리 사 두셔야 할 것 같은데요."

아버지는 식사하시다가 눈을 크게 뜨고, 이유를 물어보셨다.

"왜 그렇게 생각하느냐?"

"앞으로 저 개천이 복개만 되면은요~, 도로가 지금보다 10배는 더 넓어 지고요. 차도 더 많이 다니게 될 거고요. 그러면 양옆으로 큰 빌딩들이 들어서게 될 거예요. 그러니, 지금부터 땅을 사 두셔야 해요."

아버지가 깜짝 놀라며 나를 이해해 주실 줄 믿었다. 하지만 아버지는 그런 나를 배신하였다. 내 뒤통수를 치시며 아버지가 말씀하셨다.

"밥이나 먹어 이놈아~ 땅은 무슨~? 먹고 죽을 돈도 없다!"

정말이지 내게 만일 돈이 있다면 내일이라도 당장 그 땅을 사고 싶었다. 지금 그 개천은 물론 복개가 되었고, 밑으로는 지하철이 다니고, 양옆으로는 고층 빌딩들이 즐비하게 서 있다. 그때 그 땅을 사지 못한 것이 지금도 아깝기만 하다.

새로이 떠오르는 지역

샌프란시스코나 실리콘 밸리를 떠나는 미국의 대기업들이 새로이 터를 잡기 위하여 향하는 곳은 어디인가? 지금으로는 텍사스가 유일한 대안으로 보인다. 텍사스가 새롭게 스타트업의 생태계로 떠오르는 지역이 되고 있다. 한국의 삼성전자가 글로벌의 리더 기업답게 오래전부터 이런 분위기를 먼저 파악하였고 텍사스로 생산기지를 선택한 것도 같은 맥락이라고 볼 수 있겠다.

텍사스는 미국 내에서도 강한 보수주의를 내세우는 주 중의 하나이다. 저렴한 물가와 주거비, 낮은 세율 덕분에 기업에는 부담을 덜어주고, 좋은 직원들을 구할 수 있는 장점도 있다. 또한, 텍사스의 큰 장점 중의 하나는 친환경 에너지 공급률이 높다는 것이다. 최근에 글로벌 기업들은 RE100(기업이 사용하는 전력 100%를 재생에너지로 충당하겠다고 약속하는 글로벌 캠페인)을 주창하고 추진하고 있다. 이는 재생에너지(Renewable Electricity)로 100% 생산을 하여야만 납품도 할 수 있고, 판매도 할 수 있다는 자발적 움직임이다. 텍사스는 강한 보수주의 주이면서도 그동안 태양광을 비롯하여 풍력 발전 등 자연재생 에너지(Natural Resource Energy)로 에너지 자원을 변화시켜 왔다. 이러한 이유로 요즘 미국은 샌프란시스코 베이 지역이 지고, 오스틴, 댈러스 등 텍사스 지역이 새롭게 뜨고 있는 현상이 일어나고 있다.

미국 텍사스 오스틴 삼성전자 파운드리 공장 전경

출처: 삼성전자

부자들의 부동산 투자 원칙 몇 가지

06

❶ 핵심으로 돌아가자!

부동산 투자를 시작하기 전에 자신의 재정상황을 평가하고 목표를 설정해야 한다. 얼마나 많은 자본을 투자할 수 있는지, 얼마의 수익을 원하는지 명확히 이해해야 한다. 이러한 정보를 바탕으로 부동산 투자 계획을 세워라.

부자들은 돈을 효과적으로 투자하기 위해 다양한 투자옵션을 고려한다. 주식, 부동산, 기업에 투자하며, 이를 통해 수익을 창출한다. 하지만, 이러한 옵션 간에 리스크와 수익률이 다를 수 있으므로, 투자할 자산 클래스를 신중하게 선택하는 것이 중요하다. 또한 부동산 투자에도 다양한 방법이 있다. 아파트, 주택, 상업용 부동산, 주택 임대, 에어비앤비 등 다양한 옵션을 고려하고 자신의 리스크 허용치와 목표에 맞는 투자 전략을 선택하여야 한다.

부동산 투자는 장기적인 관점으로 접근해야 한다. 부동산 시장은 짧은 기간 큰 변동성을 보일 수도 있지만, 장기적으로는 가치가 오를 가능성이 더 높다. 따라서 투자를 계획할 때 짧은 시간 내에 **자산의 증가**를 예상하지 말고, 장기적인 투자 목표를 고려해야 한다. 부동산 투자는 시간과 인내가 필요한 분야이다.

❷ 인내와 꾸준한 노력을 기울여라

부자들은 투자를 단기적인 이익을 얻기 위한 수단으로 보는 것이 아니라, 장기적인 관점에서 투자한다. 이는 단기적인 변동성에 휩쓸리지 않고 투자 포트폴리오를 안정적으로 유지하는 데 도움이 된다. 장기적인 목표를 세우고 그에 따라 투자 계획을 조정하라.

❸ 부자들은 돈을 효율적으로 투자한다

투자를 통해 돈을 불리는 것이 부의 근간이다. 주식, 부동산, 기업에 대한 투자 등 다양한 투자방법을 고려하고, 장기적인 관점으로 투자 포트폴리오를 구성해야 한다. 부자들이 돈을 효율적으로 관리하고 부를 쌓는 비결은 무엇일까? 그 비밀은 바로 지속적인 투자에 있다. 부자들은 투자를 한 번에 끝내는 것이 아니라, 지속해서 이어 나간다. 매월 정기적으로 일정 금액을 투자하거나 수익금을 다시 투자함으로써 복리 효과를 누릴 수 있다.

부동산을 구매한 후에도 관리와 유지보수가 필요하다. 임대 부동산인 경우, 테넌트(Tenant, 임차임)와의 관계를 유지하고 부동산을 깨끗하게 유지하는 것이 중요하다.

❹ 부동산 시장에서 성공을 거두려면 부동산을 꾸준히 관리하라

그러기 위해서는 어느 정도 건축에 대한 기본 상식을 갖고 있어야 한다. 또한, 건축을 하는 사람들과 긴밀한 관계를 맺고 다양한 리스트(전기공, 목공, 수도공 등)를 많이 보유하고 있어야 한다.

세금은 모든 재정거래에서 중요한 부분을 차지한다. 세금에 대한 이해와 효과적인 세금관리도 중요하다. 부동산 투자에는 금융계획과 세무관리가 필요하다.

❺ 투자수익과 비용을 관리하고 세금문제를 고려하자

또한 세무 전문가와 협력하여 최적의 세금전략을 개발하라. '부자가 되려면 세금 납부가 중요하다'. 그리고 '부자가 되면 세금 관리가 중요하다'. 세금을 효율적으로 최소화하려면 세무 전문가의 도움을 받아야 한다. 세금 회피(탈세)가 아니라 합법적인 세금 최소화(절세)를 목표로 하자.

제3장

미국
부동산에
투자하기

왜
미국 부동산인가?

01

한국 부동산 투자와 다른 미국식 부동산 투자

한국 부동산 투자의 특징은 '자본투자 이익(Capital Gain)'이다. 부동산 시장의 흐름을 파악하여 싸게 사서 비싸게 팔아 이익을 실현하는 것이 자본투자 이익이다. 일종의 단기투자 방식이라고도 할 수 있다.

미국 부동산 투자의 특징은 '자본 흐름(Cash Flow) + 자본투자 이익 (Capital Gain)'이다. 투자한 자산에 자본이익이 발생하면 지속해서 투자를 확대하여 반복 투자한다. 컴퓨터 게임에서 주인공이 임무에 성공할 때마다 덩치가 커지는 이치와 유사하다.

미국식 부동산 투자는 파는 것에서 끝나는 것이 아니라, 부동산 투자 금이 계속해서 부동산 시장에서 현금흐름(Cash Flow)을 만들어 경기를 부양하게 하고, '1031 교환'과 재융자 전략을 이용한 레버리지 효과를 활용하여 '지속적이며 극대화하는 투자'를 계속 유지해 가는 것이다. 미국에서는 주택 구매과 소유와 관련해 취득세, 등록세, 종합부동산세가 없다. 집이 매매될 때는 카운티(County)에 0.11%와 일부 City에 내는 양도세가 있는데, 적은 액수이고 관례로 셀러가 부담한다. 본인이 직접 거주하는 주택일 경우 2년 이상을 살면 개인당 25만 달러, 부부 합산 50

만 달러까지 양도소득세도 면제된다. 그러나 집을 보유하는 동안에는 재산세(Property Tax)를 매년 내야 하는데, 남가주의 경우에는 집 가격의 연 1.1~1.3% 정도이다.

미국 정부에서는 지속적인 투자를 유도하기 위해 '1031 Exchange'라는 **절세 조항을** 제정하였다. 뒤에서 다시 다루겠지만 간단히 설명하면, 부동산을 처분하면서 얻는 매매차익에 대해 바로 세금을 내지 않고 매매 금액과 같거나 높은 부동산을 구매하면서 당장 내야 할 세금을 유예하는 방법이다.

미국 부동산의 장점은?

미국은 세계에서 부동산에 투자하기에 가장 좋은 나라이다. 집을 사고파는 과정에서 부동산 중개인, 융자기관 또는 에스크로(Escrow) 회사로부터 국가, 인종, 종교, 성별, 성적 취향, 결혼 여부에 대한 차별금지법이 아주 강력하게 시행된다. 또한 한국에서처럼 종부세와 취득세 걱정을 전혀 하지 않아도 된다.

⭐ **미국에는 종부세와 취득세가 없다.**
집이 10개 이상이라도 상관없다. 대신 미국에는 매년 납부하는 재산세(평균 재산세율은 1.69%, 가장 낮은 하와이는 0.28%, 가장 높은 뉴저지주는 2.42%이다. 캘리포니아는 주택가격의 1.2~1.3%)가 있으며, 지역에 따라 추가 멜로루즈 Tax(Mello-Roos Tax, 특별 개발세/어바인 1%), 그리고 동네에 따라 소액의 HOA(Home Owners Association) 커뮤니티의 공동관리 비용이 있다.

아울러 미국은 참으로 합리적인 나라이다. 앞으로 반복하여 언급하겠지만, 부동산에도 우리가 모두 잘 활용할 수 있는 다양한 '절세법'들이 있다.

이것이 바로 미국의 '찐 부자' 부동산 투자자들의 투자 원리이다.

지금은 완전히 이해 못 해도 좋다. 뒷부분에서 계속 반복하여 설명하게 될 것이다.

미국 부동산 투자의 10가지 매력 ABC!

① **A**ppreciation : 꾸준한 투자자산 가치 상승
② **B**enefits : 각종 세금 면제, 감면 혜택(1031 Exchange & Mortgage Interest)
③ **C**larity & Certainty : 확실하고 명료한 과정
④ **D**epreciation : 감가상각 비용 처리하기
⑤ **E**xchange Rate : 달러 환율과 가치의 지속적인 상승
⑥ **F**inancial Statement : 부채도 자산이다. 재정보고서에 부채를 활용
⑦ Inheritance Tax Exemption : 다양한 상속세 면제
⑧ Population : 전 세계에서 몰려드는 줄어들지 않는 인구
⑨ Re-investment : 현금흐름(Cash Flow), 지속적인 투자 유지
⑩ Secret : 미국인은 알고 한국인은 잘 모르는 **미국 부동산의 비밀 N.N.N!**

이제 미국 부동산 투자의 10가지 매력을 하나씩 알아보기로 하자.

달러는 여전히, 계속 강할 것이다!

미국이 중국을 견제하고, 또한 세계적으로 강한 국가로 남아 있기 위해 달러 강세 정책은 미국이 추구하는 중요한 정책 중 하나이다. 이러한 강한 달러 정책은 주로 달러 채권을 통해 시행되며, 이는 미국 부동산 투자의 중요성을 부각시킨다.

달러 채권은 미국 정부나 기업이 발행하는 달러화로 표시된 채무증서로 전 세계적으로 매우 높은 신뢰를 받고 있으며, 안정적이고 안전한 투자 수단으로 간주된다. 특히 미국 국채는 세계에서 가장 안전한 자산 중 하나로 여겨지며, 많은 투자자들이 선택하고있다. 현재 미국 국채를 가장 많이 투자하고 보유하고 있는 국가가 중국이다.

미국은 강한 달러 정책을 통해 달러의 국제적인 강세를 유지하려고 한다. 이는 미국의 경제적 안정성과 국제적 영향력을 지속적으로 유지하고 강화하기 위한 중요한 수단이다. 강한 달러는 미국의 인플레이션을 제한하고, 국제 거래에서의 유리한 위치를 유지할 수 있도록 돕는다.

아울러, 미국 부동산 투자는 강력한 달러 정책과 밀접한 관련이 있다. 미국 부동산 시장은 전 세계적으로 안정적이고 성장성이 높은 시장으로 평가되고 있다. 특히 미국의 주택 시장은 안정적인 가치 상승과 수익성을 제공하며, 글로벌 투자자들에게 매력적인 투자 대상이다. 강력한 달러는 외국인 투자자들에게 미국 부동산 시장으로의 투자를 더욱 유리하게 만들어준다. 또한, 미국의 안정적인 법률 및 규제 환경은 부동산 투자에 대한 신뢰를 높이는 데 도움이 된다.

따라서, 미국의 강한 달러 정책과 미국 부동산 투자는 서로 긴밀하게 연결되어 있다. 미국 부동산 시장은 투자자들에게 안정성과 수익성을 제공하며, 강력한 달러는 이러한 투자를 더욱 유리하게 만들어준다. 달러 강세와 미국 부동산 투자는 미국 경제의 성장과 안정성을 지속적으로 지원하는 데 중요한 역할을 하고 있다. 때문에 부동산 투자, 특히 미국 부동산에 투자를 권하는 것이다.

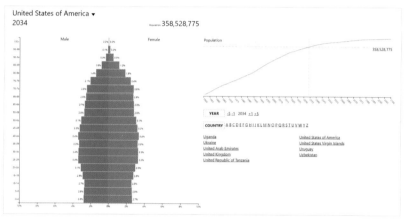

인구 절벽에 직면한 한국에 비하여 전혀 줄어들지 않는 미국 예상인구 증가율(2034년)로
미국에서의 부동산 투자는 여전히 매력적이다.

출처: Population Pyramid

부동산의 종류

미국의 부동산은 한국과 비슷하게 주택, 아파트, 상업용 부동산, 투자용 부동산 등 다양한 유형으로 나뉜다. 각각의 부동산 유형은 다른 목적과 특성이 있으며, 부동산 투자 또는 구매 시 고려해야 할 요소들이 다르다. 주요한 부동산 유형들을 간략하게 살펴보자.

❶ 주택(Single- Family House)과 콘도(한국의 아파트 개념)

주택은 개인이나 가족이 거주하기 위한 주거용 부동산이다. 일반적으로 한 가정이 사용하며, 대개 별도의 토지를 포함한다. 주로 단독주택, 연립주택 또는 다중주택 중 하나로 나뉜다.

❷ 아파트(Apartment, 임대 아파트, 멀티 유닛)

아파트는 다중주택 건물로 여러 가구가 독립적인 주거공간을 임대하거나 소유한다. 미국의 아파트는 한국의 아파트와는 개념이 완전히 다르다. 임대를 주목적으로 하는 임대 아파트로서 1개월 또는 2개월 월세의 보증금(Security Deposit)을 내고 평균 1년 기간으로 임대계약을 맺는다. 공동주거시설 및 서비스(주차장, 수영장, 보안 등)를 공유할 수 있다.

❸ 상업용 부동산(Commercial Real Estate)

상업용 부동산은 상업 목적으로 사용되는 부동산을 나타낸다. 상업용 부동산에는 사무실, 상점, 레스토랑, 호텔 등이 포함된다. 임대료와 임대기간이 주택과 다를 수 있으며, 임대계약은 주로 상업용 부동산에 맞게 구성된다.

요즘 사무실의 공실률이 급격히 올라가고 있다. 코로나19 팬데믹 동안 출근하지 못하여 잠시 올라갔던 공실률은 팬데믹이 끝나고 내려올 것이라 기대했지만 반대로 더욱 올라가고 있다.

❹ 투자용 부동산(Investment Property)

투자용 부동산은 수익을 올리기 위해 구매된 부동산을 의미한다. 주택, 아파트, 상업용 부동산 등 어떤 유형의 부동산이든 투자용으로 구매할 수 있다. 임대수익, 자산가치 증가, 또는 기타 수익을 목적으로 투자한다.

❺ 토지 및 농장(Land and Farm)

토지와 농장은 농업 및 작물 재배를 위한 부동산으로 사용된다. 농업 생산, 가축 사육, 농촌 주거 등에 사용된다.

❻ 산업용 부동산(Industrial Real Estate)

산업용 부동산은 제조업, 창고, 물류센터 등 산업활동을 위해 사용되는 모든 부동산이다.

❼ 특수목적 부동산(Special Purpose Real Estate)

특수목적 부동산은 특정 용도를 위해 디자인된 부동산을 의미한다. 예를 들어, 골프장, 학교, 병원, 스포츠 시설, 교회 등이 해당한다.

조닝부터 알고 투자하자

토지 사용 규제 및 도시 계획으로 지역에 따라 다양한 형태를 취할 수 있으며, '조닝 규제(Zoning Regulations)'라고 한다. 한국의 지역지구와 비슷한 조닝(Zoning) 제도는 1916년 뉴욕에서 시작되었으며, 주로 지역, 도시 또는 국가 정부에서 관리하며, 주로 다음과 같은 목적을 가지고 있다.

① **토지 사용 분류(Land Use Classification)**

특정 지역에서 어떤 종류의 활동이 허용되는지 결정된다. 이에는 주거지, 상업지, 산업지, 농업지, 공원 및 보존 지역 등이 포함된다.

② **조성 지침(Zoning Regulations)**

각 토지사용 분류에 대한 세부 규정과 규제가 포함된다. 예를 들어, 주거지역에서는 주택을 건설할 때 허용되는 높이, 건축물의 크기, 주차장 요구사항 등이 정해질 수 있다.

③ **도시 계획(Urban Planning)**

도시의 장기적인 개발 방향을 계획하고, 도로, 교통, 녹지지역, 공공시설, 재개발 영역 등을 결정한다.

④ **환경 보전(Environmental Conservation)**

토지사용 규제는 자연환경 보전을 위한 기준과 요구사항을 제시할 수 있다.

⑤ **주택 개발과 경제 발전 지원**

도시 계획 및 규제는 주택시장과 경제발전을 지원하는 데 필요한 인프라와 서비스의 위치와 양을 결정한다.

▸ 조닝의 종류

종류	특징
Residential (R-Zoning)	주거지역으로 사용되며 단독주택, 다중주택(4유닛 이상), 아파트, 콘도미니엄 등 주거용 부동산을 허용한다.
Commercial (C-Zoning)	상업지역으로 사용되며 상점, 호텔, 레스토랑, 사무실 등의 상업건물을 허용한다.
Industrial (I-Zoning)	산업지역으로 사용되며 제조업, 창고, 공장 등과 같은 산업활동 지역이다. 환경규제와 함께 산업활동의 안전이 중요시된다.
Agricultural (A-Zoning)	농업지역으로 사용되며 농업활동 토지사용 지역이다. 농장, 목장, 작물재배, 가축 사육 등의 농업활동을 허용한다.
Mixed-Use (MX-Zoning)	혼합지역으로 사용되며 주거, 상업 및 기타 여러 용도를 조합할 수 있는 지역이다.
Recreational (REC-Zoning)	레크리에이션 활동을 위한 토지사용을 지원하는 지역이다. 공원, 체육관, 골프 코스, 레크리에이션 시설 등을 허용한다.
Historic (H-Zoning)	역사적으로 중요한 건물이나 지역을 보호하고 보존하기 위한 지역이다. 역사적 건물의 복원과 보호에 관한 규제가 적용된다.
Ecological Zone	주로 환경 및 자연 생태계를 관리하고 보호하기 위한 지역이다. 국립공원, 생태보호구역 또는 생태학적으로 중요한 지역을 식별하고 그 지역의 생태계를 보호하기 위해 설정할 수 있다.

R (Residential) Zoning

'R-조닝(R-Zoning)'은 주택 및 주거용 지역을 규제하기 위해서 사용되는 주택용(Residential Zone) 지역 분류이다. 이 분류는 주거용 부동산에 대한 사용 목적과 규제를 결정하는 데 사용되는데, 주로 도시 및 지방정부에서 도시계획 및 부동산 개발을 조절하기 위해 도입된다. 미국은이 주택개발의 허가로 주택의 수급을 조정하며, 주택가격의 급상승이나 급하락을 어느 정도 조절하는 필터로 사용하고 있다. R-조닝은 주거지역을 다양한 종류로 나누며, 각각의 종류에는 특정 사용목적과 건축규칙이 적용된다. 다음은 일반적으로 사용되는 R-조닝의 몇 가지 종류에 대한 설명이다.

① **R-1 조닝**(Single-Family Residential Zoning)

R-1 조닝은 단독주택에 사용되며, 가족 단위로 거주할 목적으로 디자인된다. 주로 저밀도 주거지역을 가리키며, 주택당 넓은 부지 크기와 건축물 간격을 요구한다. 비즈니스나 다중가구 주택을 운영하기 위한 용도로는 허용되지 않는다. 참고로 R1-2a는 적어도 2에이커 또는 그 이상의 규모에 단독주택 1채만 들어설 수 있는 초저밀도 지역이다. 고급주택 지역이나 별장지가 이에 속한다. 도심 안 밀집지역은 1에이커에 8채의 단독주택이 들어서는 일도 있다.

② **R-2 조닝**(Two-Family Residential Zoning)

R-2 조닝은 주택 건물을 두 개의 가구가 공유하도록 허용하는 지역이다. 주로 이중주택(Duplex)과 같은 다중가구 주택을 위해 디자인되었다. 더 많은 주거 단위를 가지는 다중가구 주택과 비교하여

조금 더 밀도가 낮을 수 있다.

③ R-3 조닝(Multi-Family Residential Zoning)

R-3 조닝은 다중가구 주택 및 아파트 빌딩과 같은 다가구 주택이 들어서는 지역을 말한다. 더 높은 주거 밀도를 허용하기 때문에 주택당 대지 크기는 상대적으로 작을 수도 있다. 상업적인 지구에 인접한 곳에 자주 개발되며, 도시에서 인구 밀집도를 높이고 주거 공간을 최적화하려는 목적으로 사용된다.

위의 R-조닝의 종류는 지역별로 조금씩 다를 수 있으며, 지방 정부의 규정 및 도시계획에 따라 다양한 변형이 있을 수 있다.

R-조닝에 지어진 HOA에서 관할하는 분양된 주택단지(메사, 애리조나)

C (Commercial) Zoning

'C'는 상업지역(Commercial Zone)을 나타내며, 다양한 유형의 상업활동을 위한 지역이다. 'C-Zoning'은 주택 및 상업 지역을 지정하고 관리하기 위한 도시 또는 지방 정부의 부동산 규제이다. 이러한 지역은 도시 또는 지역의 발전과 토지 사용을 조절하며, 특정 지역 내에서 어떤 유형의 건물과 활동이 허용되는지를 규정한다. 다음은 일반적으로 사용되는 C-1, C-2 및 C-3의 C 조닝 종류에 대한 간단한 설명이다.

① C-1 Zoning

C-1 지역은 주로 소규모 상업활동을 지원하는 지역이다. 주택, 상점, 음식점, 사무실, 작은 호텔 또는 모텔 등 다양한 유형의 상업건물이 허용될 수 있다. 높이제한과 주차규정이 있을 수 있으며, 주변 주택에 영향을 미치지 않도록 규제된다.

② C-2 Zoning

C-2 지역은 중대형 상업 지역으로 지정하는 것이 일반적이다. 대규모 상점, 슈퍼마켓, 은행, 자동차 딜러, 호텔, 레스토랑, 사무실 빌딩 등과 같은 상업 건물이 허용될 수 있다. C-1과 달리 더 큰 규모의 상업건물과 활동을 지원하기 위한 규정이 포함된다.

③ C-3 Zoning

C-3 지역은 고밀도 상업지역을 나타낸다. 주로 대도시 또는 상업지구에서 허용되며, 빌딩 높이 및 사용이 다소 자유로울 수 있다. 대규모 쇼핑몰, 오락시설, 고급호텔, 사무실 빌딩 등과 같이 다양한 상업건물 및 시설이 허용된다.

Industrial Zoning

이 조닝은 특정 지역에서 산업활동을 제한하거나 규제하는 데 사용되는 도시계획 도구 중 하나이다. 이를 통해 도시는 산업시설과 다른 유형의 토지 사용 간의 균형을 유지하고, 환경 및 주거지역을 보호하며 국민안전을 증진할 수 있다.

미국에서는 모든 부동산이 조닝의 규제를 받으므로, 내가 매입할 부동산이 정확히 어떤 조닝에 해당하는지가 매우 중요하다. 다음은 '산업단지 구역(Industrial Zoning)'의 주요 특징 및 종류에 대한 상세 설명이다.

① **산업 지역의 목적**

산업 지역은 주로 제조, 생산, 저장 및 유통과 같은 산업활동을 위해 사용된다. 이러한 지역은 공장, 창고, 공업단지, 자동차 제조시설, 물류센터 및 기타 산업시설을 포함할 수 있다.

② **규제 및 제한**

산업 지역은 주거나 상업적인 용도로 사용되는 지역과 구분된다. 일반적으로 산업 지역에서는 주거용 건물을 지을 수 없고, 일부 경우에는 특정 유해물질의 사용이나 배출이 제한될 수 있다.

③ **종류**

- 경공업 지역(Light Industrial Zoning) : 경공업 지역은 주로 가벼운 생산 및 조립 활동이 이루어지는 산업에 적합하다. 전자제품 조립설비 시설, 식품가공 시설 및 소규모 제조업 지역이다.
- 중공업 지역(Medium to High-Density Industrial Zoning) : 이러한 지역은 중대형 제조업체 및 대규모 물류 시설을 수용하기 위해 설

계된다. 대규모 공장, 대규모 창고, 분배 센터 및 물류 중심지가
포함된다.

- 혼합 산업 지역(Mixed-Use Industrial and Commercial Zoning) : 어떤
지역에서는 상업 및 산업적인 활동이 혼합될 수 있다. 예를 들어,
상업용 빌딩과 소규모 제조업체가 같은 지역에 위치할 수 있다.

- 교외 산업 지역(Rural Industrial Zoning) : 일부 지역에서는 산업활
동을 시골 지역에 허용하는 경우가 있다. 이러한 지역에서는 주
로 농업 및 임업과 관련된 산업활동이 주를 이룬다. 농업 지역의
정확한 규정 및 분류는 지역에 따라 다를 수 있으며, 해당 지역
의 도시계획과 규제에 따라 다를 수 있다.

- 농업보호 구역(Agricultural Preservation Zone) : 이러한 지역은 오로
지 농업활동에만 사용되도록 허용되며, 상업적 또는 주거용 건
물의 건설이 금지된다. 주로 농작물 재배 및 가축 사육을 위해
사용된다.

한국에서 미국 부동산 투자 첫발 떼기

한국인도 미국 부동산에 직접 투자할 수 있다. 미국은 외국투자자에 게도 부동산 투자 기회를 제공하며, 미국인과 외국인 투자자의 취득과 정 또한 같다. 다만 송금 관련 은행업무와 추가적인 서류작성이 있을 뿐 이다. 미국 부동산 거래에서는 국가, 인종, 종교, 성별, 결혼 유무에 차 별을 두면 처벌을 받는 강력한 법이 적용되고 있다. 그러나 매각 시 또 는 수익이 발생할 시에는 조금 복잡한 세금 문제가 있으므로 세무 전문 가에게 꼭 알아보고 결정해야 한다. 우선, 부동산 매물 찾기부터 은행계 좌, 협상, 융자, 에스크로 등 매입과 유지, 관리 그리고 매각까지 한번에 살펴본 후, 그에 대한 상세한 내용들은 나중에 다시 한번 더 살펴보도록 하자.

투자 전 확인하기

❶ 비자 및 법적 문제 확인

미국에 부동산을 소유하고 투자하기 위해서는 미국 비자 상태와 관 련된 법적 규정을 확인해야 한다. 비자 종류와 투자 목적에 따라 다양한 비자 옵션이 있을 수 있다. 예를 들어, EB-5 투자 비자는 미국에 투자하고 일정한 작업을 가지려는 외국투자자를 위한 옵션 중 하나이다. 또는 E-2 비자는 부동산 투자가 아닌 사업체에 관한 이민전문법에 해당하므로 이민전문 변호사에게 문의하는 것을 권한다.

❷ 미국 부동산 시장 조사 – 인터넷 플랫폼 이용

미국의 부동산 시장은 지역에 따라 다양한 특징을 가지고 있다. 투자하고자 하는 지역의 부동산 시장을 조사하고, 투자목표에 맞는 부동산의 유형 및 위치를 결정하여야 한다.

한국의 네이버 부동산이나 직방 등의 플랫폼처럼 미국에서는 Zillow, Redfin, 72Sold와 같은 부동산 플랫폼들이 매우 유용하게 사용되고 있다.

- Zillow : Zillow는 부동산 정보와 주택가격을 쉽게 찾을 수 있는 모바일 앱이다. 이 사이트는 실시간 주택가격 정보를 제공하며, 지도를 통해 원하는 지역의 주택을 찾을 수 있다. 또한 'Zestimate'라는 자체 부동산 가치평가 시스템을 통해 주택가치를 예측하는 데 도움을 준다.
- Redfin : Redfin은 주택구입 과정을 더 효율적으로 만들어주는 다양한 도구와 자원을 제공한다. 이 사이트는 실제 부동산 에이전트를 통해 주택을 사고팔 수 있는 기능을 제공한다. 이는 구매자와 판매자 모두에게 쉽게 매물을 찾고 판매할 수 있게 매우 상세한 주택 정보와 사진을 제공하여 주택을 사전에 조사하는 데 도움이 된다.
- 72Sold : 72Sold는 비교적 새로운 플랫폼이다. 이 사이트는 주택구

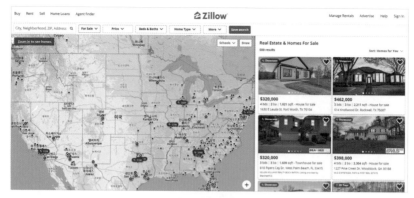

Zillow 홈페이지

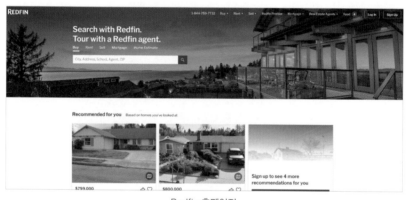

Redfin 홈페이지

72Sold 홈페이지

입자들이 원하는 주택을 찾을 때 도움이 되는 고급검색 필터와 사용자 친화적인 인터페이스를 제공한다. 또한, 72Sold는 주택구입 과정을 단순화하고 정보를 손쉽게 공유할 수 있는 다양한 기능을 제공한다.

이 세 가지 모바일 플랫폼은 주택찾기 과정을 더 효율적으로 만들어 준다. 구매자들에게 필요한 정보를 손쉽게 얻을 수 있도록 도와주고 있을뿐더러 무엇보다 주택시장의 동향을 파악하는 데 큰 도움을 준다. 주택구매를 고려하고 있다면 적극 활용할 수 있다.

인터넷에서 원하는 장소와 크기, 가격대 그리고 좋아하는 스타일의 집을 찾았다면, 반드시 그 지역의 부동산 에이전트에 연락할 것을 권한다. 부동산 에이전트에는 리스팅 에이전트(Listing Agent/Seller's Agent)와 셀링 에이전트(Selling Agent/Buyer's Agent)가 있는데, 양쪽 에이전트의 커미션 모두 매도자(Seller)가 부담하게 되어 있으므로 매수자(Buyer)는 아무 부담 없이 전문적인 서비스를 지원받을 수 있다. 물론 매수자 스스로 집을 보러 다니는 것도 가능하지만, 일반적이지 않기 때문에 접근이 상당히 어려운 편이다. 매수자라면 원활한 거래 성사와 진행을 위해 부동산 에이전트의 전문적인 지식과 경험이 필요하기 마련이다.

부동산 투자를 위한 준비

미국에 방문하지 않고도 미국에 있는 부동산 매입이 가능할까? 사실 미국 부동산 구매를 위해 꼭 미국에 직접 들어올 필요는 없다. 굳이 변호사를 선임하지 않아도 전문 공인중개사를 선임하면, 처음부터 끝까지 모든 과정을 함께하여 준다. 이때 '에스크로'라는 전문기관에서 대행하여 서류 수속을 책임지고 대행한다. 특히 현금 구매일 때는 공증서류도 없고, 한국에서 두 번에 걸쳐 계약금과 잔금을 송금만 하면 된다. 모든 계약서와 절차상의 서류들은 전자서명으로 진행할 수도 있다. 하지만, 그렇게 하려면 미국 현지 사정을 아주 잘 알거나 완전히 믿고 맡길 수 있는 사람이 있어야 할 것이다. 아무리 인터넷으로 매물 정보들을 볼 수 있다고 해도, 미국에 와서 직접 집을 보지 않고 산다는 것은 상상하기 어렵다. 미국에 와서 만나야 할 전문가는 기본적으로 부동산 에이전트와 회계사이다. 규모가 크거나 법인 또는 유한책임회사 등이 관련되면 변호사를 만나야 할 수도 있다.

다음으로 미국에 있는 부동산을 구매하기 위한 모든 과정을 하나씩 자세히 살펴보자.

① 부동산 에이전트나 변호사 고용

부동산 거래는 복잡하며 법적 문제가 있을 수 있으므로, 현지 부동산 에이전트와 법률 전문가를 고용하는 것이 좋다. 이들 전문가는 부동산 검색, 거래 협상, 계약서 작성 및 법적 절차를 처리하는 데 도움을 줄 수 있다. 부동산을 찾고 적당한 거래를 찾은 후, 거래를 완료하기 위해 판매자와 협상하고 계약을 진행한다.

② 법인 설립

미국에서 법인 설립은 변호사, 법무사, 회계사(CPA), 세무사가 대행하여 줄 수 있다. 법인에는 주식회사(Corporation)와 유한책임회사(LLC)가 있는데, 부동산을 매입하고 관리하는 것은 아무래도 LLC가 더 유리하다. 법인 설립에 관한 내용은 다음에 더 자세히 알아보도록 하자.

③ **미국 은행계좌 개설**

미국에서는 영주권자가 아니면 은행계좌를 개설할 수가 없지만 미국에 법인을 설립하면 계좌를 개설할 수도 있다. 은행계좌가 있으면 부동산 거래 및 관리를 위한 자금이동이 수월해지는데, 간혹 여권만으로 은행계좌를 열어주는 은행들도 있으니 잘 살펴보자. 아울러 이 계좌를 통해서 부동산 구매에 필요한 자금을 준비하고, 대출이 필요한 경우 현지 은행에서 대출을 신청할 수 있다.

잠깐! 에스크로(Escrow) 회사란?

미국 서부에서는 에스크로 회사가 부동산 거래의 전체를 담당한다. 에스크로는 매도자도 매입자도 아닌 중립적인 제3자의 역할을 한다. 모든 금전거래뿐 아니라 거래가 계약서대로 이루어졌는지 확인하고 클로징(부동산 매매 종결 절차)을 준비하여 매매에 관여된 모든 사람의 서명을 받아 부동산 명의이전 서류를 주 등기소에 등기하는 책임까지 진다. 또한 매매 부동산의 법적 소유자 이름, Mortgage(근저당), Lien(채권자가 등기한 근저당), Tax Lien(세금을 내지 않아 정부에서 등기를 걸어 놓은 서류, Judgement(민사 판결로 인한 법원의 채무 판결) 등을 검색하여 그 결과를 서면으로 매입자에게 제공한다.

미국 부동산 구매, 얼마나 걸릴까?

한국인 신분으로 미국 부동산을 구입하는 과정이 특별히 복잡하지는 않다. 외국인 융자를 하게 되면 조금 까다로울 수 있지만 수입증명과 충분한 다운만 한다면 가능하다. Tax Identification Number(TIN)도 집을 구매하는 과정에서는 필요 없다. 현지인들과 다를 바 없이 그냥 사면 된다.

그러나 융자를 받아야 하는 경우는 조금 복잡해진다. 외국인 융자가 있지만, 다운페이(Down Payment: 집을 구매할 때 은행 모기지대출을 제외한 현금)를 보통 40~50%로 더 많이 해야 하고, 이자율이 일반 융자보다 높으며, 30년 고정금리(Fixed Rate)가 아닌 3~5년짜리 변동금리(ARM: Adjustable Rate Mortgage)로 해야 한다는 점 등 여러 가지 불리한 조건을 감수해야 한다. 수입증명서류도 필요하다. 외국인 융자를 해주는 은행을 찾아야 하고, 융자 환경에 따라 대출조건이 바뀔 수 있다.

일단 계약이 성사되면, 믿을 만한 에이전트에게 권한이 명시된 제한된 위임장(Power of Attorney)을 설정해 놓고 한국으로 들어가도 일은 진행할 수 있다. 미국 현지에서 모든 절차를 본인이 직접 지켜보려고 한다면, 현찰로만 매입했을 때 에스크로 기간은 2~3주, 사전 준비와 사후 정리하는 시간까지 다하여 급하게 잡으면 4~7주 정도가 소요된다. 그러나 융자로 매입할 때는 에스크로 기간만 적어도 1~2개월 걸리며, 사전 준비와 사후 정리 과정까지 생각하면 최소 2~3개월 정도 걸린다.

한눈에 보는 부동산 매입 과정

중개인을 통해 좋은 집을 찾았다면, 주택을 매입하는 과정에서 거쳐야 하는 과정을 살펴보자. 이 모든 순서는 부동산 중개인이 도와주기 때문에 걱정하지 않아도 된다. 과정마다 서류 확인만 제대로 해주면 된다.

미국에서 부동산을 구입할 때 혹시 사기를 당하면 어쩌나 걱정할 수도 있다. 그러나 미국에서의 부동산 매입 및 등기 과정은 확인 또 확인하는 수많은 명확하고 투명한 과정들을 거치기 때문에 사기에 대한 걱정은 기우에 불과하다. 일단 부동산 매매 계약이 성사되면, 계약 이행을 위해 부동산 에이전트, 은행과 더불어 에스크로(Escrow)와 타이틀 회사(Title Company)가 중추적인 역할을 한다. 미국에서는 이 두 기관 때문에 마음 놓고 안전하게 집을 사고 팔 수 있다.

얼핏 복잡해 보이지만 실제 진행해 보면 그렇게 복잡한 과정은 아니다. 또한 모든 서류와 과정이 완료될 때까지 부동산 중개인과 융자 관계인 그리고 에스크로 직원까지 모두 협조하여 일을 진행하므로 과정만 잘 이해하고 있으면 된다. 어려워하지 말고 도전해 보자.

 → →

중개인 선정 집 구경 원하는 은행,
(1개월 또는 그 이상 소요) 융자회사에서
Pre Approve 받기
(집을 구경할 때
사전허가서를
요청하는 곳이 많음)

 ← ←

에스크로 회사 셀러로부터 선택 ▶▶ 오퍼 넣기
선정 오퍼 OK 받기 (은행으로부터 받은
Pre Approve
첨부/중개인에게 전달)

 → →

계약서 작성 ▶▶ 융자 신청 가치 평가
계약금 에스크로 (Appraisal /은행에서
회사로 송금 대행, 비용 지불)

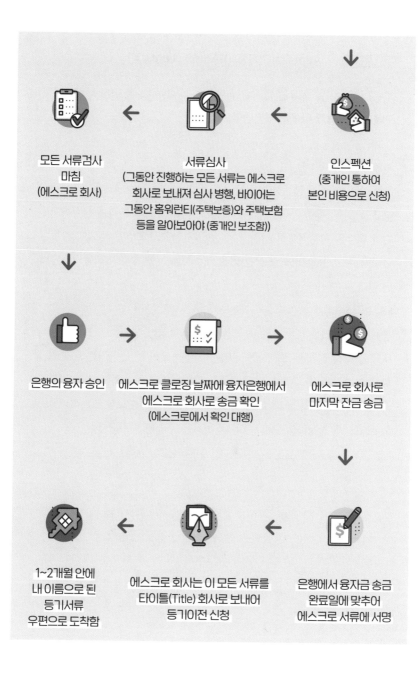

모든 서류검사
마침
(에스크로 회사)

서류심사
(그동안 진행하는 모든 서류는 에스크로
회사로 보내져 심사 병행, 바이어는
그동안 홈워런티(주택보증)와 주택보험
등을 알아보아야 (중개인 보조함))

인스펙션
(중개인 통하여
본인 비용으로 신청)

은행의 융자 승인

에스크로 클로징 날짜에 융자은행에서
에스크로 회사로 송금 확인
(에스크로에서 확인 대행)

에스크로 회사로
마지막 잔금 송금

1~2개월 안에
내 이름으로 된
등기서류
우편으로 도착함

에스크로 회사는 이 모든 서류를
타이틀(Title) 회사로 보내어
등기이전 신청

은행에서 융자금 송금
완료일에 맞추어
에스크로 서류에 서명

Appraisal(가치평가)와 Inspection(점검)

매수자가 참가할 필요는 없지만 진행되는 과정이 있다. 이는 보통 융자기관에서 중요하게 다루는 부분이다.

Appraisal(가치평가)

은행, 융자회사와 연계하여 전문기관에 의뢰하여 하는 조사로 그 주택의 상태 및 위치, 주변 가격시세 등을 고려하여 그 주택의 가격을 산정하고 융자의 액수를 최종적으로 정한다. 이는 이자율에도 조금은 영향이 있을 수 있다. 대체로 은행이 직접 신청하며, 매수자는 은행에 추가 비용만 지불하면 된다.

Inspection(점검)

집을 구매하려는 매수자가 중개인을 통하여 직접 신청하여 진행하는데, 주택의 각종 상태를 조사하여 구매자에게 보고하며, 구매자는 이를 토대로 매수 여부를 결정한다. 이 조사에는 에어컨이나 전기배선 상태, 지붕 및 기와, 냉장고, 유리창, 배수 상태, 수도 등이 포함되며 보통 30~40페이지의 보고서를 작성하여 보내 준다. 이 비용은 구매자가 지급한다.

미국 은행 계좌 개설에서 법인 설립까지

05

한국에 있더라도 자신의 명의로 미국 부동산을 사는 것이 쉬워졌다. 한국은 2008년 이후 해외부동산 취득에 관한 규정이 대폭 완화되었고 해외부동산 투자 한도가 전면 폐지되었다. 송금에 필요한 필수서류들은 개인일 때와 법인일 경우가 약간 다르니 확인하고 개설하면 된다. 일반적으로는 '해외부동산 취득신고서' '부동산 매매계약서' '부동산 감정평가서' 등을 외국환 등록 은행에 제출해야 하고, 보유기간에는 보유사실 입증서류, 매도 시에는 해외부동산 처분보고서 등을 제출하면 된다.

❶ 개인투자자의 계좌 개설

영주권자가 아니라면 해외부동산 취득에 있어서 외환거래법상 신고와 보고의 의무가 있다. 해외부동산 구입에 관해서는 한국에 있는 '외국환은행' 한곳을 지정하여 해당 은행을 통해서만 진행하여야 하고, 송금 시 부동산 취득신고서, 납세증명서 및 매매계약서를 비롯한 제반서류를 지정 거래 외국환은행에 제출하여야 한다.

❷ 법인 설립 후 계좌 개설

미국에 법인을 설립해서 계좌를 개설하는 방법도 있다. 미국 내에 현지법인을 설립하고 법인의 미국 은행계좌를 개설한다. 이때 한국에 있는 '외국환은행'에 '사업계획서'와 '해외직접투자 신고서'를 제출해야 하며, 기타 부동산 취득신고서, 매매계약서를 비롯한 제반서류를 지정 거래 외국환은행에 제출하여야 한다. 이 과정을 거친 이후 현지법인 계좌로 송금할 수 있다.

이때 설립하는 법인에는 주식회사(Corporation)와 유한회사(LLC)가 일반적이다. 미국에서 법인 설립은 변호사, 법무사, 회계사(CPA), 세무사(EA)가 대행한다. 법인에는 주식회사(Corporation)와 유한책임회사 (LLC)가 있는데, 부동산을 매입하고 관리하는 데는 아무래도 LLC가 더 유리하다. 케빈 아빠도 캘리포니아에 Seo Family Properties LLC와 애리조나에 Seo Properties Investment LLC, 두 개의 부동산 관리회사를 운영하고 있다.

- 주식회사(Corporation) : 주식회사에는 C-Corporation과 S-Corporation이 있다. 부동산을 투자하고 관리하는 것은 C-Corporation이지만 설립 과정이나 비용, 세금 문제 등으로 권장하지 않는다. 주식회사로도 부동산의 구매가 가능하지만, 법인세 과세와 주주배당에 대한 소득세가 다시 세금이 매겨져 이중과세가 되는 형태이기 때문이다.
- 유한책임회사(Limited Liability Corporation) : 유한책임회사는 말 그대로 투자자의 책임이 투자한 금액까지만 있다. 혹시라도 내가 투자한 부동산에서 사고가 났을 때 보험에서 보상하는 이상의 재산피해가 발생한다면 투자자에게 민사소송이 들어오지만, LLC 투자자는 여타 회사의 채무에 책임이 유한하다. 또한 LLC는 회사 설립절

차가 간편하며, 비용도 저렴하고, 개인 회사로써 비용지출 등이 쉽다. 1년에 한 번 하는 납세 보고(Income Tax Report)도 개인(또는 나와 부인 공동) 이름 밑으로 개인 보고할 수 있다. LLC는 한 명으로도 쉽게 만들 수 있으나, 부부 공동으로 등기할 것을 권한다. 세금 보고에서도 불이익이 없다. LLC는 Manager가 대표이자 책임자이다. 배우자는 Secretary로 등록하여 부부가 합심하여, 항상 의논하면서 운영하는 것이 좋을 듯싶다. LLC는 처분이 매우 쉬운 장점도 있어서 개인 부동산을 매도하듯이 처분하면 된다.

부동산 융자 신청하기

한국인도 미국에서 대출받을 수 있다!

미국에서 집을 살 때는 융자를 받는 것이 '기본'이다. Home Loan, Business Loan, Commercial Loan 등으로 론(Loan)이란 단어를 사용한다. 융자를 하면, 20% 정도 다운페이하는 것이 보통이다. 20% 이하로 다운페이하면 융자조건이 여러모로 안 좋아진다. 재정에 여유가 있다면 20% 이상 다운페이하는 바이어들도 많다. 물론 'Full Cash', 모두 현금으로 집을 사는 일도 있다. 주택시장의 경우 현찰로 집을 사는 비율은 약 10~20% 정도 된다.

'Equal Opportunity Loan'이라는 용어는 미국의 주택융자 분야에서 사용되며, 모든 대출 신청자에게 동일한 기회를 제공하는 것을 의미한다. 즉, 인종, 국적, 종교, 성별, 결혼 여부, 성 소수자 등과 관계없이 모든 대출 신청자에게 공평한 대출기회를 제공하는 것을 목표로 한다. 그러나 이러한 원칙에도 특정조건과 제한사항이 있을 수 있다. 일반적으로 외국인도 미국에서 주택융자를 신청할 수 있지만, 이에는 몇 가지 조건과 차이가 있을 수 있다.

❶ Qualified Loan(자격 대출)

영주권자 또는 시민권자에 해당한다. Qualified Loan은 대출 신청자가 일정 기준을 충족할 때 적용된다. 이러한 기준은 주택 융자업계에서 정의되며, 주로 신용점수, 소득, 부채비율 및 기타 재정 상황과 관련이 있다. 외국인이 Qualified Loan을 신청할 때는 미국에서의 금융기록 및 소득증명이 필요하다. 또한 미국 내에 합법적으로 거주해야 할 수도 있다.

❷ Non-Qualified Loan for Foreigner(외국인을 위한 자격 없는 대출)

Non-Qualified Loan은 일반적으로 Qualified Loan의 기준을 충족하지 못하는 신청자를 위한 대출 유형이다. 이는 주로 외국인 또는 미국에서의 금융기록이 부족한 사람들에게 적용된다. Non-Qualified Loan을 신청하려면 더 높은 이자율이나 융자기간 제한 등 다른 제한사항을 받아들여야 할 수 있으며, 대출 신청자의 신용위험이 클 수 있다.

부동산 융자 신청과정

부동산 융자를 신청하려면 다음 단계를 따르는 것이 일반적이다. 융자 신청과정은 국가와 융자 제공기관에 따라 다를 수 있으므로, 신청서 및 필수서류 등에 대한 자세한 정보는 해당 국가 및 기관의 웹사이트나 현지 은행에서 확인할 필요가 있다. 다음은 일반적인 융자 신청과정의 개요이다.

❶ 신청자격 확인

먼저, 어떤 융자 프로그램에 자격이 있는지 확인하여야 한다. 부동산 융자는 종류가 다양하며, 주택구매, 재융자, 투자 등 다양한 목적으로 제공된다. 자격요건은 융자 종류 및 국가에 따라 다를 수 있다.

❷ 신용점수 확인

신용점수는 대출신청 과정에서 중요한 역할을 한다. 높은 신용점수를 유지하고, 부채를 관리하는 것이 융자 신청에 도움이 된다.

❸ 은행 또는 융자 제공기관 선택

원하는 융자 종류와 금리를 제공하는 은행 또는 융자 제공기관을 선택할 차례이다. 요즈음에는 지방의 여러 주에도 한인 은행들이 많아져서 융자 신청하기도 쉬워졌으며, 기타 여러 조건 및 내용들을 한인 담당자들이 직접 맡아서 진행하므로 자세한 설명을 들을 수가 있다.

❹ 신청서 작성

선택한 은행 또는 융자 제공기관에서 제공하는 융자신청서를 작성하여야 한다. 이 신청서에는 개인정보, 금융정보, 부동산 정보 등을 포함하여야 한다.

❺ 필수서류 제출

은행 또는 융자 제공기관에서는 일반적으로 신용보고서(Credit Report), 소득증명원(Financial Report), 부동산 정보, 직장 정보(W-9 Form) 등의 서류를 요구한다. 신용보고서를 확인해 신용점수와 신용 이력 등을 검토하고, 신청서와 제출된 서류를 검토해 신용평가를 시행한다. 이때 승인 여부 및 융자 조건이 결정된다.

❻ 융자 계약 및 서명

융자신청이 승인되면 계약서를 작성하고 서명하게 된다. 계약서에는 융자금액, 금리, 상환일정 등이 포함된다. 부동산 융자의 경우, 은행 또는 융자 제공기관은 부동산을 평가(Appraisal Report) 하고 검토한다. 이 모든 절차가 끝나면 최종 승인(Final Approve)되고 자금이 지급된다. 이후에는 월별 상환계획에 따라 매월 융자를 상환해야 한다. 이때 차후 5년 이내 본인의 경제적인 능력과 상황이 융자금을 일찍 상환할 능력이 되거나, 현재는 이자율이 높지만 머지않아 현저히 내려갈 전망이라면, 다시 재융자 신청을 하여야 하므로 반드시 조기상환 벌금제 면제 조항(Pre Pay Penalty Exemption)을 요청하여야 한다.

🔘 잠깐!　　신용정보와 개인신용보고서

미국의 신용정보(Credit Report)는 개인 또는 기업의 금융거래 및 신용관련 정보를 기록하고 보고하는 문서 서비스이다. 이 보고서는 금융기관, 신용카드 회사, 대출기관 등과 같은 신용보고기관에 의해 작성된다.

1. 신용보고기관 : 미국에서는 Equifax, Experian, TransUnion과 같은 신용 전문기관에서 취급한다.
2. 개인정보 : 미국의 신용보고서에는 개인의 신상정보가 포함되는데, 이름, 생년월일, 주소, 사회보장번호(SSN)와 같은 신상에 대한 기본 정보 및 간단한 금융범죄 정보도 포함될 수 있다.
3. 신용이력 : 신용보고서에는 개인 또는 기업의 금융거래 이력이 포함되는데, 이에는 신용카드 사용, 대출상환, 사용승인 기록 등이 포함된다.
4. 신용점수 : 신용보고서의 정보를 기반으로 신용점수가 계산된다. 점

수가 높으면 신용이 좋다는 것, 점수가 낮으면 신용이 나쁘다는 것을 나타낸다.

5. 신용보고서의 중요성 : 신용보고서는 대출, 신용카드 발급, 주택구매, 자동차 구매 등 다양한 금융거래에서 중요한 역할을 한다. 신용보고서의 내용과 신용점수는 금융기관이 대출 승인 여부를 결정하고 대출 이자율을 설정하는 데도 사용된다.

6. 보고 주기 : 대부분의 신용보고기관은 일정한 주기(일반적으로 연 1회)로 무료로 개인에게 신용보고서를 제공한다. 개인은 자신의 신용보고서를 확인하여 오류를 수정하거나 신용점수 개선을 요청할 수 있다.

7. 세부 정보 : 신용보고서에는 연체된 대출, 부도, 체납된 신용카드 대금 등 부정적인 정보로 신용점수에 부정적인 영향을 나타낼 수도 있다.

8. 개인정보 보호 : 신용보고서에 포함된 개인정보는 매우 민감하므로 신중하게 다루어져야 한다. 개인정보 유출을 방지하기 위해 안전하게 보관하여야 한다.

9. 신용보고서는 주기적으로 확인하고 관리하여야 한다.

누구든지 내 신용을 해킹하거나 내 소셜번호를 불법적으로 이용하여 어떠한 금융행위를 하고자 할 때는, 신용조회기관으로 먼저 연락이 가게 되어 있다. 그래서 케빈 아빠는 모든 조회를 원천적으로 봉쇄시켜 놓았다. 본인이 은행에 가서 계좌를 만들거나 융자를 신청하여도 신용조회 자체가 막혀 있어서 불가능하다. 오로지 신용조회기관에 먼저 연락하고 열 가지 이상의 본인만 아는 질문을 통과해야 한다. 봉쇄를 풀어야 다른 금융행위를 신청할 수 있는 일종의 잠금장치인 것이다.

비밀 공유 1
- Triple Net

미국에는 수익 임대상가에만 제한적으로 존재하는 한국인들이 모르는 비밀이 있다. 'NNN'이라는 이름의 이것은 부동산 상가 시장에서 법도 아닌데 언제부터인가 계약서에 들어가 법처럼 군림하기 시작하였다. 1980년대에만 하여도 NNN 조항을 적용하는 건물주(Landlord)는 그리 많지 않았다. 지금도 모든 부동산 계약에서 100% 적용되는 것은 아닐 것이다. 그러나 거의 모든 부동산 계약에 상식이나 관례처럼 당연하게 적용하고 있다. 케빈 아빠도 불과 2~3년 전까지는 가지고 있는 상가 계약에 이 조항을 적용하지 않았으나, 지금은 어쩔 수 없이 'Additional Charge(NNN)'라고 명시하여 적용하고 있다.

임대상가 리스에서 'NNN'은 'Net Net Net'의 약어로, 일반적으로 'Triple Net'이라고 부른다. Triple Net 리스는 상업용 부동산 거래에서 사용되며, 임차인이 건물을 임대할 때 임차인이 임대료 외 추가로 부담하여야 하는 액수를 나타낸다. 임대인 입장에서 보면 임대인이 부담하여야 하는 각종 비용을 임차인이 추가로 대신 납부하는 조항으로 한국과 비교하면, 정말 큰 혜택이 아닐 수 없다. 한국에 있는 지인이 잠실에 큰 규모의 건물을 가지고 있는데, 얼마 전 미국 영주권을 받았다. 미국 부동산의 매력 몇 가지를 설명했더니 깜짝 놀라면서 받아 적을 정도로 공공연한 비밀이 되었다.

⭐ Triple Net의 내용을 한번 알아보자 – 임차인의 추가 비용 책임

Triple Net 리스에서 임차인은 기본 임대료 이외에 추가비용을 부담해야 한다. 이러한 비용은 주로 (원래 임대인이 내야 하는) 재산세(Property Tax), 건물 보험료(Property Insurance), 보수 비용(Maintenance Charges), 공동 관리비, 경비원 채용 및 기타 건물유지 제반 비용을 포함한다. Triple Net의 비용을 청구하기 위해서는 계약서에 반드시 명기되어 있어야 하며, 요즈음에는 거의 모든 계약에 상식 수준으로 들어 있기에 염려할 일은 없다.

애리조나 상가의 평균 Triple Net 청구 비용은 스퀘어피트당 연 5달러이며, 캘리포니아의 경우는 조금 더 높은 스퀘어피트당 연 12달러로 매월 나누어 자동 청구/납부한다. 지역별, 건물별로 비용이 다른 이유는 건물이 좋은 동네이면서 비싸고 좋은 상가일수록 재산세와 보험료, 유지 보수 비용이 더 많이 들기 때문이다.

투자자의 관점에서 보면 'NNN'은 한국에는 없고 미국에는 있는 획기적인 규정이 아닐 수 없다. 미국 투자자들은 이것을 당연한 투자의 원리로 보므로 투자의 손익계산에 넣지도 않는다. 한국의 부동산 투자자들이 보면 또 하나의 큰 매력이라 하겠다.

⭐ 상업용 부동산 임대계약의 종류

상업용 부동산 임대계약은 크게 'Gross Lease'와 'Net Lease'로 나누어 볼 수 있다. Gross Lease는 'Full Service Lease'라고도 불리는데, 임차인에

게 다른 부대비용의 책임 없이 임대료만 청구하는 형태의 임대계약이다. 이에 반해 'Net Lease'는 재산세, 보험료, 공공시설사용료 등 일부를 임대료 외에 청구하는 임대계약이다.

- Net Lease는 다시 3가지 형태로 세분된다.
- Single Net Lease : 임대료＋재산세까지 임차인이 부담
- Double Net Lease : 임대료＋재산세＋보험료까지 임차인이 부담
- Triple Net Lease : 임대료＋재산세＋보험료＋공공시설 사용료까지 임차인이 부담
- Full Service Lease의 경우 미래의 비용상승 위험을 임대인이 부담하는 대가로 임대료가 높지만, Triple Net Lease는 미래의 비용상승 위험을 임차인이 부담하는 대신 임대료가 낮은 차이점 있다.

Triple Net Lease 계약은 신용도가 높은 기업과 주로 임대계약이 체결되므로 투자자들이 선호한다. 또한 임차인의 신용도가 높으면 장기임대계약이 용이하고 이에 따라 부동산의 현금흐름 안정성이 높아지는 장점이 있다. 거기에 자금조달 시 금융기관으로부터 우호적인 조건을 받을 수도 있다.

Triple Net Lease라고 임대인에게 장점만 있는 것은 아니다. 신용도가 높은 임차인을 확보하는 것이 때때로 단점이 되기도 한다. 임차인이 단일이거나 임대수익 대부분을 한 임차인이 차지하는 비중이 높아 해당 임차인에 대한 의존도가 높아지기 때문이다. 따라서 임대계약이 종료되어 갱신되지 않으면 임대수익에 직접적인 영향을 미칠 수 있다. 이렇게 단

일 임차인에 대한 의존도가 높다 보니 향후 구조변경이 어렵기도 하다. 더불어 장기임대계약을 한 경우 향후 부동산 수요 증가로 시장임대료 상승 시 상승분만큼 반영하지 못할 위험도 있다.

이러한 장단점을 잘 구분하여 자신이 투자하려는 부동산의 특성과 맞추어 계약에 이용하는 것이 좋다.

비밀 공유 2
- 감가상각 활용

부동산 투자에서 감가상각(Depreciation)은 가장 강력한 세금 인센티브 중 하나이다. 감가상각은 부동산 자산의 가치가 시간이 지남에 따라 감소하는 것을 고려한 세금 인센티브이다. 이것은 부동산 투자자에게 세금을 절감할 기회를 제공한다. 다음은 감가상각을 어떻게 활용할 수 있는지에 대한 일반적인 개요이다.

❶ 부동산 감가상각 비용 신고

부동산을 보유하고 있는 경우, 감가상각 비용을 매년 신고할 수 있다. 이 비용은 부동산의 가치가 시간이 지남에 따라 감소하는 것을 반영하므로 이를 신고함으로써 부동산 투자 수익을 감소시키고 세금을 절감할 수 있다.

❷ 세금 환급 또는 감면

감가상각을 신고함으로써 부동산 투자 손익을 줄일 수 있으므로 세금 부담이 감소하게 된다. 이는 연간 세금 환급을 받을 수 있는 경우 또는 기타 세금감면 혜택을 받을 수 있는 경우 매우 유용하다.

❸ 주택(Residential Property)

주택에 대한 감가상각은 일반적으로 27.5년으로 적용된다. 이는 미국 내의 일반적인 규칙이며, 주택 소유자는 연간 감가상각 비용을 세금 공제로 청구할 수 있다. 이것은 부동산의 원가(매입 가격 및 관련 비용)를 27.5년 동안 분할하여 연간 공제로 청구하는 것이다.

❹ 비주택 부동산(Commercial Property)

비주택 부동산에 대한 감가상각 기간은 일반적으로 더 길다. 미국에서는 상업용 부동산에 대한 감가상각 기간이 일반적으로 39년이다. 비주택 부동산 소유자도 연간 감가상각 비용을 세금공제로 청구할 수 있다. 부동산의 원가를 감가상각률에 따라 연간 분할하여 공제로 사용하는 것이다.

❺ 재평가(Recapture)

부동산 가치의 감소는 종종 재평가의 기회를 가져온다. 재평가를 통해 부동산의 현재 가치를 새로운 기준으로 조정할 수 있으며, 이를 통해 감가상각 비용을 새로 설정할 수 있다. 다음에 나오는 '세금 보고' 부분에서 한 번 더 살펴보자.

❻ 세무 보고와 적용

위에서 언급하였듯이 매년 건물수익의 손실을 감가상각으로 주택은 27.5년, 수익상가는 39년에 걸쳐 보고할 수 있다. 더 쉽게 이해할 수 있게 예를 들어 살펴보자.

100만 달러에 매입하고 매년 5만 달러씩 감가상각을 보고한다고 가정해 보자. 그리고 10년 후에 200만 달러에 매도하면, 100만 달러의 자본이익(Capital Gain)으로 보고하여야 하지만 이 경우에는 5만 달러씩 10년인 총 50만 달러의 감가상각 보고로 혜택을 보았으므로 50만 달러에 매입한 걸로 재설정(Re-Capture)하여 다시 계산하여 150만 달러의 자본이익을 보고해야 한다.

> 200만 달러(매도가) ━ 100만 달러(매입가) ╋ 50만 달러(총 감가상각 보고 액수)
> = 150만 달러

이것은 미국의 경제활성화에 기여하는 강력한 세금공제 혜택 중의 하나이다. 미국 정부는 이러한 인센티브를 제공하여 미국 내의 모든 지역에 연속적인 투자를 유도한다. 그래서 미국의 부자들은 오히려 세금을 덜 낸다.

부동산 보유 시 유의할 점

부동산을 매입했다고 끝이 아니다. 부동산의 가치는 매입 후 관리에 달려 있다는 말이 있다. 그만큼 신경 써야 하는 부분이 많다는 뜻이다. 부동산을 매입한 후에는 부동산 소유 시 관리와 유지에 관한 결정을 내려야 한다. 이를 위해 부동산 관리회사나 현지의 전문가들과 협력해야 할 수 있다.

부동산을 보유하고 있는 동안에는 한국과는 다르게, 부동산 보유세(재산세)를 납부하여야 한다. 이는 각 주와 카운티에 따라서 다르므로, 매입하는 곳의 세율을 알아봐야 한다.

TIN(Tax Identification Number)

사실 외국인으로 집을 사는 과정에서는 TIN(납세자식별번호)이 필요 없다. 그러나 부동산을 보유하거나 매도를 위해서는 필요하니 처음부터 신청하는 것이 좋다. 참고로 현지인들의 TIN은 SSN(Social Security Number, 사회보장번호)이다. 투자용이 아닌 거주용이라 임대수익이 발생하지 않는다면, 보유기간 내내 세금 보고할 일이 없으므로 TIN도 필요 없다. 하지만 집을 팔 때는 TIN이 꼭 필요하고 신청하는 데만 2~3개월이 걸릴 수 있으니 미리 준비해 놓아야 한다.

외국인 부동산 소유주들에게 적용되는 세법은 현지인들과 똑같지만 3가지 예외가 있다. 이는 30% Withholding(30% 원천징수), FIRPTA Withholding(부동산세에 대한 외국인투자법 원천징수), Foreigner's Estate Tax(외국인의 증여상속세)인데, 뒤에 매매실전에서 순서에 따라 하나씩 알아보기로 하자.

30% Withholding Tax(30% 원천징수)

외국인 신분으로 미국에 부동산을 보유하는 경우 대부분의 세법은 현지인과 같게 적용되지만 한 가지 다른 점이 있다. 외국인의 수익성 부동산에서 임대소득이 있는 경우, 실제 순이익과는 상관없이 임대료의 30%를 IRS(미국 국세청)에 자진 납부해야 한다. 모기지 이자나 관리비 등을 뺀 순수익의 30%가 아닌 총임대료의 30%이다. 이를 납부하지 않으면, IRS에서는 외국인 집주인과 매니저, 심지어 세입자에게도 불이익을 줄 수 있어 문제가 될 수 있다. 부동산 매니저는 임대료의 30%를 제하고 나머지 70%만 주인에게 보내게 되어 있다. 임대료가 3,000달러면 900달러를 일단 납부하였다가 일부 돌려받는 것도 아니고 30%를 고스란히 모두 납부하여야 한다.

이러한 불공정한 세금을 피하는 방법은 미국에서 **세금 보고**를 하는 것이다. 세금 보고 시에는 임대 순수익에 대한 세금만 내면 된다. 다시 말해서, 미국에 수익용 부동산이 있고 임대수익이 있는 경우에는 IRS에 세금 보고만 하면 총임대료의 30% 납부가 아닌, 임대 순수익에 대한 세금만 낼 수 있다는 것이다.

부동산 관리, 관리회사(Property Management) 지정

투자용일 때도 그에 맞는 관리전략을 세워야 한다. 정식으로 매니지먼트 회사에 맡기면 관리비는 임대료의 10% 안팎이다. 그리고 세입자의 계약이 종료되어 '임대연장 계약'을 하거나, 새로운 임차인을 찾고 계약을 체결하는 등 특히 수익형 상가를 관리하는 일이 간단치는 않으므로 많으면 1년 총임대료의 5~6%에서 적을 때는 월 500~1,000달러로 고정해서 받기도 한다. 어떤 관리회사는 은행과 연계하여 회계까지 포함하는 토탈 관리 서비스를 약 3,000달러에 제공하기도 한다.

참고로 케빈 아빠가 의뢰하는 부동산 관리회사는 한인타운 중심지에 있는 KORUS(Korea USA)로 마크 홍 대표님(현 남가주 부동산협회 회장)이 특별히 저렴한 비용으로 신경을 써주시고, 담당인 저스틴 리도 성실히 최선을 다해 관리해 주고 있다.

💵 잠깐! ▶ Fee Simple과 Lease Hold

Fee Simple은 건물의 주인이 땅 주인이기도 한 가장 일반적인 소유권 형태이다. 우리가 흔히 말하는 부동산은 Fee Simple에 해당한다. 전쟁터에서 싸운 대가로 받은 토지에서 유래한 것으로 '단독 명의'라는 뜻으로 'Sole Ownership'과 함께 사용되고 있다.

Lease Hold(장기임차권)는 그라운드 리스(Ground Lease)라고도 불리는데, 정해진 기간 땅 사용을 허락받아 그 위에 지은 건물만 소유할 수 있는 소유 형태이다. 땅 주인이 따로 있어서 땅에 대한 임대비용이 들지만, 건물에 대해서는 장기 임대차기간에는 완전한 소유권에 준하는 통제권을 갖는다. 즉 땅을 임대하여 그 땅 위에 자기 소유의 건물을 지어서 임대 또는 매매할 때 이를 지칭하는 것이다. 임대차기간에는 기능적으로 완전한 소유권과 차이가 크지 않다는 특징을 가지고 있어 해외부동산 시장에서는 부동산 소유방식의 하나로 간주하고 있다.

그러나 계약기간이 25~30년 미만이 남았을 때는 은행 융자가 까다롭거나 거부당할 수도 있으며, 1031 exchange 조항에 들지 못할 수도 있다. 반면 Lease Hold 계약기간이 34년 이상이 남아 있을 경우는 Lease Hold 자체를 부동산 가치로 인정받아, 토지 소유자로부터 부동산 보유세를 납부할 것을 요구받을 수도 있음을 유의해야 한다.

제4장

주택에
투자하기

단독주택에
투자하기

주거용 부동산(Residential Property)에 투자하기는 부동산 투자의 일반적인 전략 중 가장 기본이다. 단독주택, 멀티 하우스, 4유닛 이상의 다가구주택에 투자하는 방법들을 각각의 장단점과 함께 살펴보자.

케빈 아빠는 미국에서 36년 동안 총 9번에 걸쳐 이사했다. 신혼 초 임대 아파트로 3번 이사한 것을 제외하면 집을 사서 이사한 것이 6번, 평균 5년에 한 번꼴로 이사를 다녔다. 그것은 5년에 한 번 집을 샀다는 것을 의미한다. 물론 집을 살 때마다 더 좋은 집으로 이사하였고, 값은 더 올랐으며, 다운페이(Down Payment)도 아울러 커졌다. 단독주택도 일

애리조나 집 뒤뜰에서 보는 아름다운 석양

종의 투자이다. 단독주택은 투자자에게 완전한 소유권을 제공하므로 투자자가 주택을 원하는 대로 관리하고 개조할 수 있다. 장기적으로 가치가 오를 수 있으며 주택시장의 변동성이 낮을 수 있다. 그러나 초기 투자비용이 높은 편이며, 유지·관리 및 수리 비용이 발생한다.

🏦 잠깐!   미국에서 평균적으로 가장 비싼 주택가격 Top 10 도시들

미국에서 평균적으로 가장 비싼 주택을 가진 도시는 지역에 따라 다를 수 있다. 다음은 2021년 9월까지의 데이터를 기반으로 한 미국 내 가장 비싼 주택의 도시 중 일부이다. 이중 캘리포니아의 7개 도시가 포진하고 있다는 것은 의미가 크다.

1. 애스펀, 콜로라도(Aspen, Colorado)
2. 베벌리힐스, 캘리포니아(Beverly Hills, California)
3. 팰로앨토, 캘리포니아(Palo Alto, California)
4. 애서턴, 캘리포니아(Atherton, California)
5. 벨 에어, 캘리포니아(Bel Air, California)
6. 말리부, 캘리포니아(Malibu, California)
7. 뉴포트 비치, 캘리포니아(Newport Beach, California)
8. 머디라비치, 플로리다(Madeira Beach, Florida)
9. 웨스트 오클랜드, 플로리다(West Oakland, Florida)
10. 엔젤스, 캘리포니아(Angels, California)

한인들이 많이 알고 있는 어바인(Irvine)이나 케빈 아빠가 살고 있는 스코츠데일(Scottsdale)은 20위권 밖에 있는 것으로 보인다. 이러한 도시들의 리스트는 평균 수치로 종합한 결과이기 때문에 실제와는 차이가 있을 수도 있다.

DOM
(Days On Market)을 보라!

Days On Market은 무엇이며 왜 중요한가? Days on Market(DOM, 활성시장 기간)은 부동산 시장에서 매우 중요한 지표 중 하나이다. 어떤 부동산 물건이 시장에 나온 후에 팔릴 때까지 걸리는 시간을 나타내는데, 부동산 중개인과 판매가 간의 계약이 종료되기 전에 활성시장에 있는 총일수로 말한다. 이는 판매자와 구매자 모두에게 중요한 정보를 제공한다.

DOM은 구매자와 판매자에게 가격 협상을 위한 중요한 정보이다. 일반적으로 DOM이 오래되면, 판매자는 가격을 낮추는 경향이 있고, DOM이 짧을수록 판매자는 가격을 더 높게 유지할 수 있다. DOM이 길어지면 시장이 둔화하거나 판매자들의 경쟁이 치열해진 것을 나타낼 수 있다. 반대로 DOM이 짧으면 수요가 높고 물건이 빠르게 팔리는 활성화된 시장을 나타낼 수 있다. DOM이 길면 해당 지역 또는 유형의 부동산 시장이 침체 상태에 있을 수 있으며, 가격이 하락할 가능성이 높다. DOM이 짧으면 해당 지역 또는 유형의 부동산이 인기가 있고, 가격이 상승할 가능성이 있다.

셀러는 DOM을 고려하여 부동산을 얼마나 빨리 팔고자 하는지 결정할 수 있다. DOM이 길면 판매자에게 추가비용(유지비용, 이자 등)을 요구할 수 있으므로, 적절한 판매전략을 세우는 데 도움이 된다. 바이어는 DOM을 활용하여 어떤 부동산을 선택할지 결정할 때 도움을 받을 수 있다. DOM이 짧은 부동산은 경쟁이 치열할 수 있으며, 구매자는 더 빨리 판단하고 오퍼를 제출해야 한다. DOM이 긴 부동산은 가격 협상의 여지가 있을 수 있으며, 구매자는 여유 있게 판단할 수 있다.

주거용 단독주택 관심 포인트

03

 관심 POINT #1 **학군**(School District)

　학군은 어린 자녀의 교육을 고민하는 많은 학부모가 이사를 고려할 때 중요한 요소 중 하나로 꼽는다. 좋은 학군은 좋은 동네에 있으며, 좋은 학생들이 있고, 좋은 이웃들이 있다. 좋은 학군이란 학교 시스템이 학생들에게 고품질의 교육을 제공하고 학업 성취도를 높이는 학교 지역을 말한다. 좋은 학군은 일반적으로 다음과 같은 특징을 가지고 있다.

① 우수한 학교로 평가를 받는 좋은 학군의 학교들은 국가 또는 지역 평가에서 높은 등급을 받는 경우가 많다. 이러한 등급은 학교의 학업성취도, 교사의 질, 학교시설 및 리더십과 관련된 요소를 반영하여 평가한다.

② 좋은 학군의 학교에서는 학생들에게 다양한 학습기회를 제공하며 예술, 체육, 과학, 수학 등 다양한 과목을 균형 있게 다루는 데 중점을 둔다.

③ 학군 지역은 일반적으로 안전하고 친환경적인 환경을 제공하며, 학생들의 안전을 보장하기 위해 노력한다.

④ 좋은 학군은 학부모들과 지역사회의 참여를 촉진하고, 학생들에게 학습에 필요한 다양한 지원을 제공한다.

⑤ 학군 학생들의 대학진학률이 높다는 것은 학교가 학생들의 대학 진학을 잘 준비시킨다는 것을 의미한다.

좋은 학군은 부모들이 자녀의 미래를 걱정 없이 계획할 수 있게 해주는 중요한 역할을 한다. 다음은 학군의 중요성에 대한 몇 가지 이유이다.

① **학업 성취도 향상** : 좋은 학군은 학생들에게 풍부한 학습경험을 제공하여 학업성적을 향상한다.

② **미래 성공을 위한 기반** : 학생들의 대학 또는 진로 선택을 잘 준비시켜 준다.

③ **부동산 가치 증가** : 부동산 가치는 주변 학군의 평가에 큰 영향을 받으므로, 부동산 투자에도 영향을 미친다.

④ **치안과 안전** : 좋은 학군 지역은 안전하고 안락한 환경을 제공하여 가족에게 안정감을 준다.

⑤ **사회참여** : 학군은 지역사회에 더 많은 학부모와 학생들이 참여하고 지역사회를 지원하도록 격려한다.

그러나 학군이 아무리 좋아도 직장만 못한가 보다. 학군과 직장을 수치로 비교하여 보았을 때는 직장이 더 우선순위로 나타나는 것을 볼 수 있다. 학군이 좋은 어바인보다 출·퇴근하기에 좋은 LA 도심이나 인근의 도시가 더 비싸게 거래되는 것을 보면 알 수 있다. 실리콘밸리가 있는 산호세(San Jose)도 마찬가지다.

🏈 케빈 아빠의 경험 – 어바인 학군

어바인은 한국에도 잘 알려진 유명한 학군이다. 그러나 앞에서 언급하였듯이 좋은 학군은 좋은 동네에 있으며, 좋은 학생들이 있고, 좋은 이웃들이 있다. 케빈 아빠는 어바인의 학군이 좋다는 소문들을 많이 들었던 터라 동생을 회사 사장으로 취임하는 체제로 변경하면서까지 그곳으로 이주를 결심하였다. 케빈과 둘째는 그곳 노스우드 하이스쿨(Northwood High School)에서 고등학교를 졸업하였고, 막내는 고등학교 때 애리조나로 다시 돌아와서 당시 미 전국 공립학교 랭킹 1위 Basis School of Scottsdale을 졸업하였다. 세 아들을 어바인에서 키우면서 느낀 점은, 어바인이 다른 주의 좋은 학군에 비하여 좋기는 하지만 결코 대단한 학군은 아니라는 것이다. 단지 좋은 학부모들과 뛰어난 학생들이 아주 많은 곳이었다. 그러나 미국의 거의 모든 학군에서 제공하는 스쿨버스도 제공받지 못해 불만족스러웠다. 우리 부부는 학군보다는 그곳에서 졸업하는 우리 아이들이 캘리포니아 안에 있는 대학교에 좋은 조건으로 입학하고 졸업하여, 그곳에서 좋은 배우자를 만났으면 하는 바람이었다. 셋째 아들을 동부의 기숙형 학교(Boarding School)로 보낼 계획을 세우고 플래너(Planer)를 고용하고 서류를 준비하여 인터뷰도 보았다. 그러나 아내는 아들을 동부에 있는 아이비리그로 보내고 싶어 하지 않았다. 결국 아내의 바람대로 되었고, 지금은 아들들이 한국말도 잘하고, 예쁜 아내들을 캘리포니아에서 만나 캘리포니아와 네바다에서 잘살고 있다. 하마터면 멀리 동부로 아들들을 빼앗길 뻔하였다.

미국 최고의 고등학교 순위(National Ranking- Top 10)

미국 최고의 고등학교 순위는 USNews.com에서 확인할 수 있으며, 등록 인원, 학생의 다양성, 무료 및 할인된 급식 프로그램 참여 여부, 졸업률 및 주 정부 평가 결과와 같은 다양한 내용에 대한 데이터를 포함하고 있다.

1. The Early College at Guilford(NC)
2. Signature School(IN)
3. School for Advanced Studies(FL)
4. The Davidson Academy of Nevada(NV)
5. Thomas Jefferson High School for Science and Technology(VA)
6. The School for the Talented and Gifted(TX)
7. Tesla STEM High School(WA)
8. Academic Magnet High School(SC)
9. Oxford Academy(CA)
10. Payton College Preparatory High School(IL)

미국에서는 집을 보유하고 있으면 재산세(Property Tax)를 납부하여야 한다. 이 재산세는 지역마다 세율이 다르며, 캘리포니아의 경우 보통 1% 내외이다. 보유하고 있는 부동산의 재산세 부과는 시중가격(Market Value)이 아닌 카운티에서 재산세를 부과하기 위하여 책정하는 공시가(Assessment Value)를 기준으로 계산된다. 보통 이 평가액은 현재 시가보다는 낮게 나오며, 집 가격이 오르면 이 평가액도 같이 오르게 된다. 시간이 오래 지나게 되면(그 집에서 오래 거주하게 되면) 이 두 가격의 차이가 점점 벌어지게 되고, 이는 곧 비싼 집에 살면서 재산세는 적게 내고 있다는 뜻이 된다.

예를 들어 보자. 케빈 아빠가 20년 전 20만 달러에 산 집이 현재 많이 올라 70만 달러가 되었는데, 현재 재산세 평가액은 편의상 30만 달러가 되었다고 가정하여 보자. 이 두 가격에 차이가 나는 이유는 집값은 상승에 제한이 없지만, 평가액은 1년에 1% 이상 올릴 수 없는 법적 제한이 있기 때문이다. 그래서 평가액의 1%인 3,000달러의 재산세를 내고 있다. 그런데, 케빈 아빠가 집을 팔고 이사를 가고 싶은데, 새로 사들이는 집도 70만 달러라고 가정하자. 새로 구매하는 집이므로 평가액도 70만 달러, 재산세도 7,000달러가 된다. 그러나 이 경우 케빈 아빠는 55세 이상이라 기존에 살고 있던 집의 평가액을 새로 산 집의 평가액으로 이전(transfer)할 수가 있다. 새로 집을 구입했더라도, 재산세는 이전에 살고 있던 집의 평가액을 기준으로 산정되므로, 똑같이 3,000달러를 납부하게 되는 것이다. 이 조항을 'CA 프로포지션 60/90'이라고 하는데, 2018

년 기준으로 캘리포니아의 10개 카운티(Alabama, Los Angeles, Orange, Riverside, San Bernadino, San Diego, San Mateo, Santa Clara, Tuolumne, Ventura)에서 인정되고 있으며, Proposition 60은 동일한 카운티 내에서, Proposition 90은 10개의 카운티 내에서 인정된다.

이 규정의 혜택을 받기 위해서는 다음과 같은 조건을 갖추어야 한다.

① 집을 팔 때 나이가 55세 이상이어야 한다. 배우자와 공동명의라면 둘 중 한 명만 55세 이상이면 된다. 또한, 일생에 한 번뿐인 혜택이므로 이혼이나 사별 등의 이유로 재신청할 수 없다.

② 내가 판매하는 집과 사려고 하는 주택이 나의 주 거주지(Principle Residence)이고 주택소유주 면제(Homeowner's Exemption) 또는 상이군인 면제(Disabled Veteran's Exemption)를 받을 수 있어야 한다.

③ 이러한 거래가 2년 이내에 발생하여야 한다. 즉, 집을 팔고 2년 이내에 새집을 구매하여야 혜택을 받을 수 있다.

④ 새로 구매하는 집의 공시가가 내가 판매한 공시가와 같거나 낮아야(Equal or Less value) 한다. 그런데, 집을 판 후 1년 이내 구매 및 신축하는 경우는 5% 이내에서 높아도 인정되고, 2년 이내 구매 및 신축할 때는 10% 이내에서 높아도 인정된다.

⑤ 직접 신청해야 혜택을 받을 수 있으며, 자동으로 혜택이 등록되는 것은 아니다. 집을 산 날로부터 3년 이내에 신청하여야 유효하다.

⑥ Proposition 60은 1986년 11월 6일 이후에 구매 및 신축된 집에 적용되고, Proposition 90은 1988년 11월 9일 이후에 구매 및 신축된 집에 적용된다.

보통 55세 이상 시니어들은 젊었을 때 내 집을 마련하고 그 집에서 오랫동안 거주해 왔을 것이다. 따라서 본인이 해당된다면, 잊지 말고 꼭 신청하여 세금혜택을 받기 바란다. (어바인 회계사 블로그 참조)

◎ 관심 POINT #3 양도소득세 면제

매수자가 단독주택을 매입하고 실제 그 집에 계속 살고 난 후 매도하면 한 사람당 25만 달러, 부부 합산 50만 달러까지 양도소득세를 면제하여 주는 법이 있다. 그 조건을 살펴보자.

① 그 주택에 최근(집을 팔기 직전) 5년 중에 적어도 2년 이상은 주 거주지(Main Address)로 거주하여야 한다(주소로 세금 보고 이력). 거주한 2년이 처음이었는지 나중이었는지에 따라서 '면세비율'은 달라진다.

② 처음에는 임대로 주다가 일정 기간 후에 주 거주지로 사용하게 되었다면, 최근 2년 이상 거주하였어도 양도소득세 면제혜택을 받을 수 없다. 이때는 주에 따라 60% 면세비율을 적용받기도 한다. 처음 등기할 때부터 집에 거주를 시작하여야 한다.

③ 요구하는 2년 거주기간 동안 연속 거주할 필요는 없다. 5년 중 '1년 거주＋3년 임대＋1년 거주'이어도 조건을 충족한 것으로 본다. 단, 면세비율은 달라진다.

④ 임대주택이나 상가는 1031 교환 조건과 같이 현재의 부동산 매각 시의 양도소득세를 새로운 부동산으로 교환한 후, 나중에 매각 시까지 유예해 주는 동일한 법을 적용하므로, 뒷부분에 나오는 '1031 교환' 조항을 참조하기 바란다.

미국 연방 센서스국이 2023년 9월 발표한 자료에 따르면, 미국 전역에 거주하는 한인 인구가 2022년 기준 200만 명을 넘었다. 그중에서도 한인들이 많이 살고 살기 좋은 도시는 어디일까? 기후, 교육, 고용시장, 교통 등 여러 조건이 있겠지만, 한인들이 많이 사는 도시, 특히 한국으로 가는 직항 공항이 있는 곳이 가장 좋을 것이다. 이런 곳에는 이미 한인 상권이 잘 형성되어 있으며 한국 마켓이 있어서 한국 식료품과 음식, 물건들을 쉽게 구할 수 있는 장점이 있다. 아울러 한인들은 교육을 중요하게 여기므로 학군도 좋을 것이다. 현재 미국에서 한인들이 가장 많이 살고 있는 곳은 다음과 같다.

1. 캘리포니아(560K) : 로스앤젤레스(LA: Los Angeles), 산호세(San Jose), 샌프란시스코(San Francisco), 샌디에이고(San Diego), 풀러턴(Fullerton), 어바인(Irvine)

2. 뉴욕(142K) : 맨해튼(Manhattan), 32번가 코리아타운

3. 텍사스(111K) : 댈러스(Dallas), 캐롤튼(Carrollton), 플레이노(Plano), 오스틴(Austin), 샌안토니오(San Antonio)

4. 뉴저지(109K) : 포트리(Fort Lee), 팰리세이즈 파크(Palisades Park), 리지필드(Ridgefield), 클로스터(Closter)

5. 워싱턴(97K) : 시애틀(Seattle), 터코마(Tacoma), 페더럴 웨이(Federal Way), 벨뷰(Bellevue)

6. 버지니아(93K) : 애넌데일(Annandale), 센터빌(Centreville)

7. 일리노이(73K) : 시카고(Chicago), 샴버그(Schaumburg), 나일스(Niles), 네이퍼빌(Naperville)

8. 조지아(72K) : 애틀랜타(Atlanta), 덜루스(Duluth), 그위닛(Gwinnett)

9. 메릴랜드(60K) : 엘리코트 시티(Ellicott City), 몽고메리카운티(Montgo-mery), 프레더릭(Frederick)

10. 하와이 : 호놀룰루(Honolulu)

수익형 단독주택 관심 포인트

수익을 올리기 위해 단독주택을 임대하려면 입주자를 찾는 데 시간과 에너지가 필요할 수 있다. 이런 목적의 단독주택은 위치가 중요하며, 수익성이 높은 장소에서 주택을 찾아야 한다. 미국에는 주마다 수많은 대학교가 있으며, 매년 새로운 신입생들이 들어온다. 한 번 입주한 학생들은 적어도 4년을 거주하며, 근처 주택은 월세도 아주 높은 편이다. 또한 학교 인근에는 비즈니스도 활성화되었고, 학생들은 해마다 늘어나기 때문에 학교 근처는 항상 방이 부족할 정도이다. LA의 대표적인 대학교는 UCLA(University of Los Angeles)와 USC(University of Southern California)가 전통 있는 명문으로 유명하다.

🎯 관심 POINT #1 임차인 구하기

주택을 임대할 때 임차인에 대한 주택 소유자의 걱정은 당연하다. 미국에서는 세입자를 선택할 때 이전 거주지, 직장, 신용기록 등 많은 서류를 요구할 수 있으니, 이를 토대로 임차인을 잘 선별해 보자.

① **임차인 선별 :** 다소 시간이 걸리더라도 임차인을 신중하게 선별하

는 것이 가장 중요하다. 신용조사(Credit Report), 이전 거주지의 참
조 확인, 소득 확인(Income Tax Report), 재정보증인(Co-Sign) 등을
통해 임차인의 신뢰성을 평가하고 확보하자. 이는 부동산 중개사
나 전문업체의 도움을 받을 수도 있다.

② **임대계약** : 명확하고 강력한 임대계약서를 작성하자. 계약에는 월
세, 보증금, 유지보수 책임, 임대기간, 퇴거규정 등을 상세히 명
시하여야 한다. 이는 임차인이 어떤 상황에도 계약을 위반하지 않
게 하는 데 목적이 있다.

③ **보증금** : 보증금을 설정하고 부과해 미래의 손해나 손상에 대비하
여야 한다. 보증금은 일반적으로 월세의 1~2개월분 정도로 설정
하며, 임차인이 주택을 원래 상태로 반환하지 않으면 손상을 보상
하는 데 사용할 수 있다.

④ **보험** : 임대주택에 보험을 들어 임차인의 손상이나 사고로 인한
손실을 보호해야 한다

⑤ **정기점검** : 주택을 정기적으로 점검하여 임차인이 보수 및 유지보
수 의무를 이행하고 있는지 확인하여야 한다. 문제를 빨리 발견하
고 조치함으로써 더 큰 문제를 예방할 수 있다.

⑥ **소통** : 임차인과는 개방적이고 적극적인 의사소통 관계를 유지하
는 것이 좋다. 어떠한 문제나 요구사항이 있을 때 즉각적으로 대
응하고, 상호 간의 관계를 원만하게 해결할 수 있기 때문이다.

⑦ **전문가 상담** : 부동산 관리업체나 변호사와 상의하여 전문적인 조
언을 구할 수 있다. 이들은 주택임대와 관련된 법률 및 규정을 잘
알고 있으므로 그때그때 도움을 얻을 수 있다.

거주형 주택의 양도소득세 면제 내용과 조건에서 설명했듯이 수익형 임대주택도 상가나 기타 수익형 부동산과 마찬가지로 '1031 교환' 조항으로 양도소득세 면제(유예)를 받을 수 있다. 매입한 주택이 양도소득세를 면제받기 위해서는 투자용이어야 하며, 임대소득이 발생하여야 하고, 1년에 한 번 소득세 보고 시 신고를 해야 한다. 매도 후 다른 부동산을 매입할 때는 다른 형태의 부동산(상가, 아파트, 호텔, 다가구주택 등)을 매입할 수 있으며, 투자금을 추가할 수도 있고, 두 개 이상의 부동산을 매입할 수도 있다.

'1031 Exchange' 조항은 이 책 뒷부분에서 다시 자세히 설명하기로 한다.

🌟 단독주택으로 수익 올리기

Mrs. 김은 70대 중반인 케빈 아빠의 처가 형제이다. 남편과는 10여 년 전에 사별했다. 운영하던 사업체도 혼자서는 버거워 매도하고, 가지고 있던 땅도 하나 매도해 부동산 융자금을 모두 갚아버렸다. 특히, 주택 융자를 갚고 난 후에는 그렇게도 시원할 수가 없다고 했다. 젊어서는 사업도 크게 하며 부동산도 많이 가지고 있었지만, 지금은 대만 TSMC 반도체 공장이 들어서는 인근에 작은 집 하나를 가지고 있다. 융자금은 모두 갚았다. 정부에서 나오는 사회연금이 생활에 적지만 도움이 된다. 그래도 총 4개의 방이 있는 집을 그냥 두기 싫어서 3개의 방을 한인들에게 각각 월 600달러씩 세를 내주었다. 작은 주택에서 월 1,800달러씩 수익이 생기니, 노년 생활이 한층 여유로워졌다.

단독주택
땅(Lot) 매입기

일반적으로 단지 내에 본인이 직접 단독주택을 지을 수 있는 땅을 '랏(Lot)'이라고 한다. 부동산 개발업자가 한꺼번에 짓는 커뮤니티 단지에 있는 땅이 아니므로 보통 한 랏당 백만 달러를 넘어 땅값만 몇백만 달러를 호가하기도 한다. 단지 내에 있는 집들과 차별성을 두고 싶거나 나만의 특별한 집을 짓고 싶은 로망을 실현할 수 있는 장점이 있다. 그만큼 재력이 있는 사람들이 선호하는 땅으로 매우 까다로운 단지 내 규정에 맞춰야 하니 유의해야 한다.

스카츠데일(Scottsdale)의 북쪽에 '에스탄시아(Estancia)'라는 고급 주택 단지가 있는데 부자 동네인 스카츠데일 중에서도 손꼽는 부자 마을이다. 보통 주택가격은 500만 달러에서 1,000만 달러 이상 되는 집들이 수두룩하다. 어느 날 아내가 에스탄시아에 있는 땅을 언니가 샀는데, 가보았더니 너무 좋았다며 부동산 중개인에게 연락하여 한번 같이 가보자고 하였다. 골프장을 옆에 끼고 있는 코너 땅이었는데, 주위 풍광과 어우러져 정말 마음에 들었다. 오퍼가 오간 끝에 75만 달러에 매입하였고, 15년 정도 보유하고 있으니 가격시세는 어느덧 130만 달러가 넘어섰다. 먼저 샀던 처형은 좋은 가격에 매도하였는데, 부동산 에이전트 커미션을 13%나 주었다고 하였다. 아내도 이번에는 팔자고 종용해서 커미션을 10%로 하면 팔겠다고 하니 중개인이 단호히 거절하였다. 이때는 이미 부동산 경기가 떨어지면서 바이어 마켓(Buyer's Market)으로 돌아서고 있을 때였다.

그러나 바로 그때 케빈 아빠가 가지고 있던 모든 부동산에 갑자기 은행 담보(Bank Lien)가 잡혀 버렸다. 그로부터 3년 전에 한국에서 온 고등학교 동창이 오렌지 카운티에 있는 큰 병원 옆에 '샌드위치 식당'을 운영하고 싶다며, LA에 있는 신한은행으로부터 비즈니스 론을 35만 달러 신청하였는데, 융자 허가가 나오지 않았고, 보증인을 요구한다고 하였다. 아울러 상가입점 보증까지 서 달라고 부탁을 해왔다. 어렵게 부탁하는 친구를 매정하게 거절할 수 없어 은행에서 요구하는 재정보고서, 재정보증서 등 모든 서류를 준비하여 담보에 서명하여 주었다. 그러나 미국에 온 지 얼마 안 되었던 동창은 식당 영업을 제대로 할 리 없었다. 결국은 1년도 못 되어 손을 들고 말았다. 그럴 때는 힘들지만 버티면서 싼 가격에라도 식당을 매각하는 노력을 하여야 하는데, 은행 이자도 못 갚던 친구는 월세를 재촉하던 상가 주인에게 열쇠를 던져주었다고 한다. 미국에 살면서 듣지도 보지도 못한 경우였다. 은행에서는 보증인이던 케빈 아빠의 부동산에 담보를 설정하고, 법원을 통하여 융자금과 이자 상환을 요구하였다. 그러는 사이에 리먼 브라더스 사건이 터지고야 말았다. 담보 설정이 되어 있는 부동산은 팔 수가 없었고, 더군다나 리먼 브라더스 사태로 인하여 모든 부동산 가격은 곤두박질치고 있었다. 어느 부동산도 매각할 수 없는 상황이었으니, 가지고 있는 현금으로 융자금 전액과 몇만 달러가 넘는 이자와 페널티까지 갚을 수밖에 없었다.

그 친구로부터 미안하다는 메시지나 연락이 없던 것은 당연한 수순이었다. 그 여파로 결국은 에스탄시아의 그 땅도 Foreclosure(채무불이행으로 인한 경매로 매각 처리) 하고야 말았다. 아내가 반대하던 보증 한 번 잘 못 서준 대가로 너무나 큰 손실을 보았고, 친구도 잃고 말았다.

스카츠데일의 북쪽에 있는 에스탄시아 주택단지의 모습

산업 시장의 흐름을 파악하자

06

직장을 따라 이사 가는 비중이 학군을 따라가는 것보다 훨씬 높다는 것은 여러 지표를 통하여 알 수 있다. 이제 미국인들의 눈은 샌프란시스코 지역의 북가주에 쏠려 있다. 도심 공동화가 시작되고 있는 샌프란시스코가 과연 디트로이트의 전철을 밟고 사라질 것인가? 너무 비싼 부동산 가격으로 인해서 부작용이 속출하고 있는 산호세의 실리콘밸리는 과연 어디로 옮겨 새로 둥지를 틀 것인가? 많은 IT 기업이 새로운 거처를 찾아서 떠나면 그에 따라 수많은 직원의 대이동이 시작될 수 있다. 이 점을 유심히 눈여겨보아야 할 것이다.

세계 최대 파운드리 기업인 대만 TSMC 반도체 공장이 들어서는 애리조나 공장은 피닉스에 자리 잡고 있다. TSMC 공장은 규모나 직원 수에 있어서 엄청난 크기이므로 그 근처 부동산 시장 역시 들썩일 수밖에 없다. 현재는 피닉스에 공장 2개를 짓고 있는데 패키징 공장을 추가로 건설하는 것을 검토하고 있다고 한다. 근처의 주택가격은 이미 많이 올랐지만, 최근에 TSMC 공장가동 연장 발표에 잠시 숨을 돌리고 있기도 하다. 지금이 투자하기에 좋은 시기인 것 같기도 하다. 또한 애리조나주 퀸크릭에는 한국의 LG에너지솔루션이 전기 배터리 공장을 설립하는 계획이 진행되고 있다. 애리조나는 고급 전기차 루시드(Lucid) 공장과 세미 전기트럭 제조사인 니콜라 모터, 그리고 전기트럭, 리비안 공장의 일부가 위치하고 있어서, 앞으로도 계속 전기차와 관련된 부품회사와 배터리 회사들이 입주할 것으로 보인다. 그러한 지역 인근에 장기적인 안목으로 미리 투자하는 것도 괜찮겠다.

⭐ 흐름을 읽지 못한 투자 – 두 개의 콘도 이야기

태평양의 바닷가에 어바인과 접해 있는 뉴포트 비치(Newport Beach)는 매년 '미국에서 살기 좋은 10대 도시'와 '미국의 10대 부자 도시' 리스트에 오르는 아름다운 부자 도시이다. 이곳의 주택들은 수백만 달러에서 천만 달러가 넘는 가격을 호가하는 고급주택들이다. 어바인에 살 때 전해 들은 이야기이다. 하루는 목사님이 교우 가정방문을 위해 뉴포트 비치에 갔다. 수영복 차림의 남미계 여성 한 명이 수영장 옆에서 선탠을 하고 있고, 비치 옆 골목길에서는 강아지를 데리고 여유롭게 산책하더라며 너무나 여유로워 보여 부러웠다고 방문한 집에서 말하였더니, 그분이

"집주인 한국분들은 하루 종일 일하러 나가고 없어요. 그분들은 집주인이 아니라 가정부랍니다"라고 전해주었다고 한다. 정작 집주인은 그 집을 유지하기 위해 아침 일찍부터 저녁 늦게까지 일을 해야 하는데, 그 집 가정부는 수영장에서 선탠하고, 산책하면서 주인인 양 집을 즐기고 있는 것이었다. 그렇다면 진정 집주인은 누구인가? 그런 이야기를 들으면서 실소를 한 적이 있었다.

그 당시에 마침 뉴포트 비치에 고층 콘도를 신축하면서 분양하고 있었다. 미국에서 콘도는 한국의 아파트와 같은 개념이다. 그 콘도는 고속도로와 가까운 위치로 바닷가까지 이어지는 산책로와 자전거 전용도로

와 인접해 있었고, 무엇보다도 교회와 가까워서 계약했다. 아울러 몇 주 후에는 롱비치항이 내려다보이는 바닷가에 신축 중인 콘도를 방문하고 는 또 덥석 계약을 하고 말았다. 바다가 없는 애리조나에 살다가 캘리포 니아에 이사를 왔으니, 바닷가에 있는 콘도가 너무 좋아 보여서 거의 동 시에 두 채나 계약을 해버린 것이다.

그런데 하루는, 별로 기분이 좋지 않은 꿈을 꾸고는 화들짝 놀라 깨 어났다. 땅이 흔들리고 큰 바위들이 겹겹이 쌓여 있는 바위산이 갑자기 무너지며 집을 덮치더니, 땅이 벌떡 일어나서는 피해서 도망가는 나를 끝까지 쫓아왔다. 놀라서 깼는데 기분이 별로 좋지 않아 아내에게 꿈에 대해 말해 주었다. 이를 전해 들은 아내는 꿈을 그냥 무시하지 않았다.

"하나님이 우리에게 꿈을 통하여 예지해 주실 때가 많아요. 혹시 우 리에게 무엇인가 미리 알려주시는 게 아닐까요?"라는 아내의 의견에 우 리는 심각하게 의논하였고, 최근에 계약한 두 건의 콘도가 문제인 것 같 다는 결론을 지었다. 그러나 뉴포트 비치에 짓고 있던 콘도는 계약한 지 도 이미 상당 기간이 흘렀고 곧 에스크로를 마무리 지어야 할 시기였다. 다행히 롱비치 콘도는 공사 중에 수도관 파열이 위층에서 있었음을 상기 하고, 이를 문제 삼아 계약을 취소할 수 있었다. 뉴포트 비치 콘도는 어 쩔 수 없이 에스크로를 모두 마무리하고 난 후에 곧바로 시장에 매물로 내놓았고, 다행히 우리가 조금 손해 보는 선에서 해결되었다.

주변에서는 콘도를 매입하자마자 곧바로 매도하는 케빈 아빠에 대해 제정신이 아니라고 비난하였지만, 그로부터 몇 개월 후 서브프라임 사태 가 터졌고, 뉴포트 비치의 콘도는 1년 후에는 거의 반토막이 나고 말았 다. 꿈으로 인한 예지로 주택가격 폭락이라는 큰 손해를 간신히 모면한 셈이었다.

서브프라임 모기지 사건

'리먼 브라더스 사태'라고도 불리는 이 사건은 글로벌 투자은행 리먼 브라더스가 2008년 9월 15일 파산을 신청하며 전 세계를 경제 불황으로 몰고 간 글로벌 금융위기의 시작이었다. 주요 원인 중 하나는 부동산 버블과 '서브프라임모기지론'이었다. 서브프라임모기지론은 신용등급이 낮은 저소득층에게 주택자금을 빌려주는 주택담보대출상품이다. 신용도가 일정 기준 이하인 사람들에게 실행시키는 고위험 대출을 의미한다. 리먼 브라더스는 부동산 시장과 서브프라임모기지론 시장에 막대한 금액을 투자하고 있었는데, 금리와 부동산가격 상승에 힘입어 투자수익을 올리다가 부동산가격이 하락하면서 그 투자의 가치가 급락한 것이다. 리먼 브라더스는 이 손실을 메우기 위해 계속해서 자금을 찾아야 했고, 다른 금융기관들은 리먼 브라더스의 거래와 자금 조달에 대한 불확실성을 경계하게 되었다.

금융시장의 불확실성과 불안정성이 커짐에 따라 리먼 브라더스의 주가는 급락하고, 뉴욕 남부법원에 파산보호를 신청하게 된다. 당시 부채규모 6,130억 달러로, 역사상 최대 규모의 파산으로 기록되었다. 리먼 브라더스의 파산은 금융시장에 큰 충격을 주었다. 금융시장에서 중요한 역할을 하던 회사의 파산 소식은 금융 시스템에 대한 불안정성을 더욱 확대했다. 또한 전 세계 기관, 개인들로부터 차입한 금액을 갚지 못하면서 동반 부실이라는 도미노 현상을 몰고 와 전 세계가 깊은 자산 불경기에 빠졌었다.

멀티 하우스(다가구주택) 투자기

멀티 하우스는 여러 개의 단위가 있으므로 여러 개의 임대수익원을 가질 수 있다. 빈 유닛이 하나 생기더라도 다른 유닛에서 임대수익이 있으므로 비교적 안정적인 투자를 할 수 있다.

왜 4유닛인가?

부동산 투자를 시작한 지 얼마 안 되었을 때 '4유닛'은 의미가 크게 다가온다. 지금까지 단독주택을 매입하고 임대하는 형식의 투자를 해왔다면, 이제는 조금 더 큰 형태의 투자방식에 진입하는 것이다. 더 많은 레버리지를 얻을 기회가 생기는 셈이다. 엄밀히 말한다면, 이제는 주택을 소유하는 것이 아닌 부동산을 소유하고 투자를 본격적으로 시작하는 것이다.

로스앤젤레스의 주택부족 현상은 4유닛 투자 열풍을 불러왔다. 그러나 4유닛의 위치, 주택의 상태, 금융상황 등에 따라 다양하게 변할 수 있으니, 투자자의 개별 상황을 고려하여 결정하는 것이 바람직하다.

다가구주택은 임대수익을 다양화하고 안정시킬 수 있는 좋은 방법이다. 단위가 많으니 자연스레 더 높은 임대수익이 발생할 수 있다. 로스앤젤레스는 주택보급률이 저조하여 기존 주택의 차고를 개량하여 일반주택으로 변경하는 것을 주택법으로 지원해 준다. 4유닛까지는 일반 주택으로 규정하여 여러 세금혜택을 주고, 5유닛부터는 영업용 건물로 규정하기에 4유닛의 인기가 높은 것이다. 그러나 대규모 다가구주택을 관리하려면 더 많은 노력과 시간이 필요하며, 관리 및 유지·보수 비용이 더 높을 수 있다. 규제와 법률 준수 문제가 더 복잡해질 수 있으며, 대출을 받을 때 더 많은 자금(다운페이먼트)을 필요로 할 수도 있다.

케빈 아빠, 4유닛에 투자하다

2018년 아내의 지병으로 회사 운영이 어려워지자, 회사를 매각하고 아내와 함께 공기 좋은 곳으로 여행을 다니기로 약속했다. 이후 회사 매각은 급물살을 타기 시작하였고, 30년 동안 운영하던 회사는 권리금이나 기타 시설 장비 등은 고려하지 않은 채 인벤토리(상품 재고) 값만 받는 조건으로 거의 헐값에 매각하였다. 그러나 케빈 아빠의 사정을 알아버린 바이어는 조건으로 'SELLER FINANCING'을 요구하였다. 우리는 25% 다운페이에 무이자 5년 상환이라는 터무니없는 조건을 받아들여야만 하였다. 그동안 여러 군데에 밀렸던 상품구매로 발생한 채무(Payable Account)를 갚고 나니, 손에 쥔 돈은 얼마 되지 않았다.

우리는 곧바로 캘리포니아에서 부동산 공인중개사를 하는 큰아들 케빈에게 연락했다. 한인타운과 차로 5분 거리 가까운 곳 좋은 동네 중 하나인 핸콕 팍(Hancock Park) 단지에 4유닛 주택을 알아보라고 하였다. 4

유닛은 일반 주택이지만, 주거 공간이 네 개로 나누어져 있어서 4가족이 별도로 주거할 수 있는 주택의 형태이다. 한국 개념으로는 4개짜리 연립주택이라고 보면 적합하겠다. 그래도 주차공간도 4개 있고, 작은 창고와 바비큐를 즐길 수 있는 휴게공간과 잔디밭도 있으니 일반 주택과 다르지 않다. 4유닛 중 하나는 2층으로 장차 아들이 살기로 하고, 나머지 3유닛은 임대를 줄 계획이었다. 아들이 살 유닛은 방 3, 화장실 2, 넓은 거실과 부엌, 그리고 발코니까지 있었다. 남는 방은 우리가 LA를 자주 방문하므로 갈 때마다 그곳에서 지내기로 하였다. 그러나 이 4유닛을 매입하기에는 자금이 부족했다. 우리는 궁리 끝에 30여 년 동안 납부하였던 생명보험에 쌓인 지분(Equity) 액수 중에서 일부를 찾기로 하였다. 케빈 아빠는 30여 년 전부터 모든 가족의 생명보험(홀라이프, 유니버설)을 들어왔고, 지인들에게 생명보험을 권해왔다. 30여 년 만에 5개의 생명보험에서 인출한 자금은 4유닛을 매입하는 다운페이에 상당한 도움이 되었다. 우리는 이 4유닛을 175만 달러에 매입하였고, 지금은 약 250만 달러 정도의 시장가치 산정이 나오고 있다.

4유닛 투자는 개인 집이 아니어도 되고, 화려하게 살지 않아도 되며, 이웃들과 함께 어울려서 살아도 부담되지 않는 분들께 적극적으로 권하

LA 핸콕 팍에 위치한 4유닛 수익형 하우스

고 싶다. 4유닛 중 하나는 투자자 본인이 직접 살면서 나머지 3유닛에서 나오는 수익으로 융자상환금과 주택보험 그리고 재산세를 납입하고도 매월 어느 정도의 생활비는 받을 수 있는 정말 매력적인 투자이다. 물론 여유가 조금 더 있다면 그곳에서 임차인들과 함께 살지 않으면 좋겠지만, 초기 투자자들에게는 자신이 살아야 할 주택을 구매하면서 약간의 투자로 4유닛을 매입할 수 있으므로 더욱 좋은 투자처라고 하는 것이다.

따로 또 같이, 6유닛 맨션 매입기

운영하던 회사를 매각하고 2년 후의 일이다. 내 빌딩에 세입자로 있던 회사의 새 주인은 다른 곳으로 이전을 원하였고 임대계약 종료를 통보해 왔다. 그래서 우리는 지난 30년 동안 회사의 본사 사옥으로 사용하였고, 우리에게는 역사적인 의미가 있던 건물을 매각하기로 결심하였다. 그나마 다행인 것은 회사가 사용하던 본사 건물은 일찍이 SBA(Small Business Administration) 융자로 매입해 상환도 이미 마쳤기에 약 400만 달러의 여유자금이 생기게 되었다. 케빈 아빠는 곧바로 로스앤젤레스에 있는 1031 교환 전문 변호사에게 이를 알리었고, 변호사를 통해 은행에 1031 교환 계좌를 개설할 수 있었다. 케빈 아빠는 회사 사옥을 매각하는 자금으로 레버리지를 최대로 활용하여, 삼분의 일은 임대수익 주택(Residential Income Property)으로, 삼분의 이는 상가(Commercial Income Property)를 매입하기로 계획을 세우고 매물을 찾기 시작하였다. 아들 케빈이 LA에서 부동산 중개사이므로 신경을 써서 좋은 집을 찾아주었다.

특징은, 이 맨션은 사실은 6유닛이나 등기상으로는 3유닛짜리 2개이다. 주택이 4유닛 이상이 되면 상가(Commercial Income Property)로 등록이 되고, 재산세나 보험 등에 있어서 혜택이 줄어든다. 따라서 두 개를 별도로 매도하는 것을 사는 것이었기에, 모든 서류와 융자 등에 필요한 서류까지 2개를 준비하고 별도로 진행하여야 하였다. 2개의 별도 콤플렉스로 매입하였고, 임차인, 정원관리, 전기, 쓰레기통, 기타 모든 것을 하나로 관리하는 장점도 있다.

2020년에 매입한 할리우드의 6유닛 맨션

동네에서 바라본 할리우드 싸인

은퇴자 도시에 입주하기

08

🏌️ 미국 곳곳 은퇴자의 도시, 선시티(Sun City)

미국에는 법인회사가 세운 은퇴자들의 도시가 곳곳에 많이 있다. 특히 Del Webb이라는 부동산 회사는 '선시티(Sun City)'라는 도시를 미국 곳곳에 만들어 도시 전체를 은퇴자의 도시로 지었다. 선시티는 애리조나를 비롯하여 네바다 라스베이거스 인근, 플로리다 마이애미 인근, 캘리포니아 샌디에이고 인근에도 있으며 특히 남아프리카 공화국에도 있는 유명한 은퇴자의 도시이다. 이 모든 은퇴도시에서는 만 55세 이상만이 집을 매입하거나 입주할 수 있다.

애리조나의 선시티 인근에는 20개가 넘는 골프장이 있고, 18홀 골프 라운딩 피는 평균 20달러부터로 저렴하다. 개인이 소유한 골프 카트를 일반 도로에서도 운전할 수 있는 시 조례로 덕분에 이곳이 골프의 천국이라 말할 정도이다. 또한 곳곳에 쇼핑센터와 시니어 아파트, 실버타운, 대형병원과 응급센터들이 있다. 애리조나의 선시티 인근에는 Sun City West, Young Town, Surprise, Anthem 등 도시 전체가 은퇴자의 도시인 곳들이 즐비하다. 이 은퇴자들의 도시는 만 55세 이상이면 입주가 가능하다. 이곳은 1955년부터 개발되기 시작하였으니 오래된 주택부터 최근에 지어진 주택단지까지 다양하며, 가격대는 30만 달러부터 200만 달러대까지 있다.

　얼마 전 선시티에 거주하는 장 선생 부부와 선시티 레이크뷰(Lake View) 골프장에서 함께 라운딩을 하였다. 한국 LG에서 근무하고 은퇴 후 이곳으로 왔다는 장 선생이 특이했던 것은 자가 골프 카트를 집에서부터 직접 운전해 왔다는 점이었다. 장 선생뿐 아니라 동행한 사람들이 모두 같았다. 집에서부터 카트로 약 15분 정도 걸린다는데, 골프뿐만 아니

선시티에 거주하는 장 선생 부부

선시티 레이크뷰 골프장

라 가까운 마켓을 갈 때도 자주 이용한다는 것이다. 그 모습이 좋아 보여 케빈 아빠도 아내에게 "우리도 이곳으로 이사 올까?" 하고 웃으며 물어보았다. 골프를 좋아하는 은퇴자라면 한번 관심을 가져볼 만하겠다.

🌟 캘리포니아의 대표적인 은퇴 도시 − 라구나우즈 빌리지(Laguna Woods Village)

라구나우즈 빌리지는 미국 캘리포니아 오렌지 카운티의 작은 해안도시에 있는 시니어 타운이다. 어바인까지 차로 약 20분 거리에 있어 각종 한인 마켓과 교회, 은행 등이 가깝게 분포해 있다. 캘리포니아의 대표적인 은퇴자 거주단지인 라구나우즈 빌리지의 최대 장점은 다양한 커뮤니티에 있다. 면적이 넓은 만큼 총 36홀 규모 골프장과 수영장 5개, 피트니스 센터 3개, 테니스장, 당구장, 우체국, 공연장, 도서관, 양궁장, 볼링장 등 갖가지 시설이 마련돼 있다. 경비도 잘 되어 있는 편인데, 총 14개의 출입구가 있으며, 모두 24시간 경비 시스템이 가동되고 있다. 라구나우즈 빌리지에 들어가기 위해서는 부부 중 1명이 55세 이상이어야 하며, 자산기준은 6개월 이상 12만 5,000달러(1억 5,000만 원)이다. 또한 세금신고 대상이 되는 수입액을 증명해야 하는데, 통상적으로 4만 달러지만, 콘도는 4만 5,000달러 이상이다. 이러한 재정상황을 증명할 수 없을 때는 자녀의 수입이 8만 달러 이상이거나 자산이 20만 달러임을 증명하면 입주가 가능하다.

라구나우즈 빌리지
출처: 레드핀(Redfin) 포토

에스프레소 커피 같은 부동산

09

라스베이거스에 사는 셋째 아들 카일은 커피를 아주 좋아하는 마니아이다. 보통은 좋은 원두만을 생각하겠지만, 카일은 좋은 물과 물의 온도를 재기 위한 온도계, 그리고 물의 양을 조절하기 위하여 작은 저울까지 사용한다. 케빈 아빠는 게을러서 갈아져 있는 커피를 사지만, 아들은 좋은 커피는 보관을 잘해야 한다며 진공보관을 하고, 내려 마실 때마다 새로 갈아야 신선한 커피를 즐길 수 있다면서 커피를 직접 갈아서 내려 마신다. 성격이 조금 급한 편인 케빈 아빠는 그런 아들과 대화하다 보면, 마음이 참 편해진다.

한번은 아들이 커피를 아주 진하게 내려서 가져왔다. 나도 커피를 즐기고 좋아하지만, 너무 진해서 마시기 힘들 정도였다.

"아들! 커피가 너무 진한데? 나는 못 마시겠어. 물을 조금 더 타야겠는걸."

케빈 아빠의 말에 아들은 이렇게 대답하였다.

"아빠! 진짜 커피는요, 진하게 마시는 거예요. 이탈리아 사람들을 보세요. 커피에 물 타서 마시는 사람들을 경멸하는 눈빛으로 바라본다고요."

"그래도 내겐 너무 쓴걸~"

"커피는 누구와 어느 장소에서 어떤 커피잔으로 분위기 있게 마시는 것이 맛있게 즐기는 것이라고 다들 말하지만, 커피를 정말 잘 즐길 수 있는 것은 진하게 마시는 거예요."

"왜 그렇지?"

"커피는 처음에 향이 좋아야 하구요 그 향을 맡은 후에, 한 모금 마실 때 급하게 마시지 말고 천천히 입 속에서 커피 맛을 음미한 후에 목에 넘기죠. 찐한 커피는 처음엔 다소 맛이 강해도, 마시고 난 뒤에는 적어도 5분에서 10분까지도 뒷맛이 사라지지 않고 계속해서 여운이 남는 거예요. 진하지 않은 커피는 그런 게 없잖아요."

그렇게 아들에게 들은 커피 이론을 실행하고 나서부터는 진한 커피도 마실 수 있고, 즐길 수 있게 되었다. 커피뿐만 아니라 우리네 인생도, 사람도 그런 것 같다. 사람은 처음 향기도 좋아야 하지만, 나중에 헤어지고 난 뒤에도 계속해서 좋은 여운이 남아 있는 그런 사람이 되어야겠다. 그런데, 부동산도 그래야 하지 않을까? 부동산도 처음 만날 때부터 좋은 향기가 나고, 느낌이 좋아야 한다. 그리고 곧바로 수익을 창출할 수 있어야 한다.

부동산의 수익은 언제 발생할까? 살 때? 보유 중일 때? 팔 때? 부동산의 수익은 팔 때가 아닌 살 때 발생한다. 부동산은 우리가 매입하는 첫 달부터 수익이 나와야 한다. 그래야 고금리 기조의 경기가 장기간 지속되거나, 부동산 경기가 다소 침체기에 접어들어도 버틸 수가 있다.

많은 사람이 커피를 좋아하고 즐기지만, 진한 향을 머금고 있는 진한 커피, 에스프레소를 즐기는 분들은 많지 않은 것 같다. 에스프레소를 즐기는 분들은 적어도 커피를 잘 알고 즐기는 마니아들이 아닐지 짐작해 본다. 부동산 투자도 전문가가 되기 위해서는 에스프레소 같은 수익성 부동산인 인컴 프로퍼티(Income Property)에 투자를 시작하여야 한다.

제5장

상가에
투자하기

상가 투자 방법과 장단점

01

'상가(Commercial Property)에 투자하기'는 잠재적으로 수익성이 높고 안정적인 투자방법의 하나이다. 상가에 투자하는 방법과 그 장단점을 살펴보자.

상가 투자의 기초

먼저 시장 조사와 분석을 통해 어떤 지역의 상가 부동산이 수요가 높은지, 임대료 등은 어떤지 확인해야 한다. 아울러 장기 또는 단기 투자인지, 수익을 내기 위한 목적인지, 내가 직접 사용할 목적인지가 분명하여야 한다. 이에 따라 고려해야 할 사항들이 달라질 수 있기 때문이다. 다음은 상가 투자의 기본적인 순서이다.

- 예산 설정 : 투자예산을 설정하고 어느 종류의 상가에 투자할 것인지 결정해야 한다. 예산에 맞게 상가 크기와 위치를 선택한다.
- 금융 준비 : 금융기관과 협력하여 대출 또는 투자자로부터 자금을 조달해야 한다.
- 부동산 찾기 : 부동산 중개업체나 부동산 웹사이트를 통해 원하는

상가 부동산을 찾아야 한다.

- 협상 및 계약 : 상가의 가격과 임대조건에 대한 협상을 진행하고, 합의에 도달하면 계약을 체결한다.
- 운영 관리 : 상가 부동산을 관리하고 유지하는 데 필요한 조처를 하고 임대 인프라를 관리한다.

상가 투자의 장점

- 고정 수입 : 상가 부동산은 임대료를 통한 고정 수입을 제공하므로 재정 안정성을 향상할 수 있다.
- 재개발 기회 : 상가 부동산은 지역과 위치에 따라 재개발 기회가 있을 수 있고, 부동산 가치가 상승할 수 있다.
- 세제 혜택 : 상가 부동산 투자에는 많은 세제혜택이 있다.
- 다양한 용도 : 다양한 업종의 임차인을 찾을 수 있으므로 특정 산업 분야에 의존하지 않고 부동산을 운영할 수 있다.

상가 투자의 단점

- 높은 초기 비용 : 부동산 투자는 대출 또는 자본을 투입해야 하므로 당연히 주택보다 비용이 높은 상가는 초기 비용이 높을 수 있다.
- 부동산 시장 변동성 : 부동산 시장은 항상 변동성이 있을 수 있으며, 이에 따라 가격이 하락할 수도 있음을 염두에 두어야 한다.
- 임차인 변동성 : 임차인의 변동성과 임대료 체납 문제가 발생할 수 있다.

- 유동성 부족 : 모든 부동산 투자가 그렇듯 상가 부동산도 유동성이 떨어져서 긴급한 금융상황에 대응하기는 어려울 수 있다.
- 관리의 어려움 : 개인이 부동산을 관리하고 유지하는 데는 엄청난 시간과 에너지를 소비할 수 있다. 따라서 전문 부동산 관리회사에 맡긴다면, 의외로 적은 비용으로 관리할 수 있으며, 차후 발생할 수 있는 다양한 경우에 전문적으로 대처하고 해결할 수 있다. 또한 임대가 만료되는 세입자를 전문적으로 응대하여 계약을 연장하게 하든지, 새로운 세입자를 곧바로 찾아서 계약까지 체결하게 해주는 서비스를 대행해 주기도 한다. 로스앤젤레스에 있는 케빈 아빠의 상가를 관리해 주는 회사는 대표와의 개인적인 친분으로 믿을 수 없을 만큼 저렴한 관리비인 월 500달러를 청구하고 있지만, 대신 임대차 재계약을 하거나 나중에 매매할 때는 반드시 그 관리회사를 사용해야 하는 무언의 약속 또는 의무가 있다.

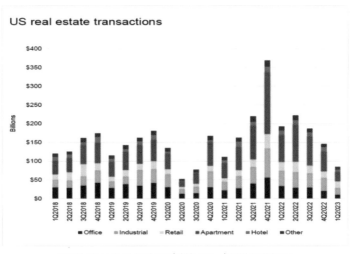

종류별 미국 부동산 매매 규모(단위: Billion) 임대수익의 종류

상가 부동산에 대한 투자는 장기적인 시각과 신중한 계획이 필요하며, 지역별로 시장 조건과 규제가 다를 수 있으므로 전문적인 조언을 얻는 것이 중요하다.

부동산 임대수익은 활동 소득과 수동 소득, 두 가지 주요 카테고리로 나눌 수 있다.

① **활동 소득**(Active Income) : 활동 소득은 임대 부동산과 직접 연관된 노동 또는 노력에 대한 보상이다. 이것은 임대 부동산을 관리하고 유지하기 위해 직접 투입되는 시간과 노력으로 얻어진 소득을 의미한다. 예를 들어, 임대 부동산을 운영하고 관리하는 데 필요한 업무, 수선 및 보수 작업 등이 해당한다. 활동 소득은 소득세로 세금이 매겨지며, 수입 세율에 따라 변동한다.

② **수동 소득**(Passive Income) : 수동 소득은 부동산 투자의 결과로 발생하는 소득으로, 직접적인 노동이나 노력이 필요하지 않다. 부동산 임대료 또는 임대료 수익, 로열티, 투자 부동산의 주식 배당 등이 수동 소득의 예이다. 수동 소득은 일반적으로 활동 소득보다 낮은 세율로 세금이 매겨지거나 세제혜택을 받을 수 있다.

두 가지 소득유형은 부동산 투자전략과 목표에 따라 다르게 활용될 수 있다. 활동 소득은 부동산을 직접 관리하고 소득을 증대시키기 위해 노력할 때 주로 발생하며, 수동 소득은 부동산을 투자수익을 올리기 위해 보유하고자 할 때 주로 발생한다. 이러한 소득유형은 금융상황과 세금 관련 요소 등을 고려하여 부동산 투자 전략을 결정할 때 중요한 역할을 한다.

🏅 아들이 가져온 매물

"아빠! 데저트 스카이 몰(애리조나 피닉스시 소재), 사거리 코너에 좋은 건물이 For Sale(매물)로 나왔는데, 그 건물을 꼭 샀으면 좋겠어요."

어느 날 큰아들 케빈이 다소 흥분하여 사무실로 들어왔다. 그 당시 한국에서 대학교를 막 졸업한 아들은 회사에서 우리를 도와주고 있던 시기였다. 당시에는 부동산 공인중개사는 아니었지만, 어렸을 때부터 보아왔던 부동산에 대한 안목으로 건물을 보고 다니던 중에 그 건물이 눈에 띄었던 것이다. 그 건물은 큰 사거리 백화점 쪽 코너에 위치한 건물이라 매물이 일반 마켓에 나와 있을 리가 없을 터인데 한 번 더 확인해 볼 필요가 있었다.

"그렇게 크고 좋은 건물이 매물로 나와 있을 리가 없고, 혹시 나와 있다 해도 가격이 꽤나 높을 텐데… 그래도 건물과 위치가 워낙 좋으니, 네가 한번 자세히 알아 보거라. 얼마 정도라면 살 수 있을 것도 같다."

곧바로 전화로 확인을 해본 아들은 바로 답을 주었다.

"말씀하시는 가격에 못 미치게 살 수 있을 것 같아요."

케빈 아빠는 곧바로 오퍼를 넣었고, 직접 인스펙션을 하였다. 건물 외부는 그런대로 깨끗하였으나, 건물 전면의 샷시와 유리창, 옥상과 천장의 단열재 보강공사 그리고 전체적으로 전기작업을 완전히 새로 공사해야 할 것 같았다. 이런 상황에서는 경험과 인맥이 중요하다. 일반적인 투자자들은 보통 큰 전기공사 앞에서는 망설여지고 포기하게 된다. 미국에서는 보수공사 중 지붕공사와 전기공사가 가장 비싸기 때문이다. 전기공사를 잘하는 멕시코인 친구에게 요청하여 간단한 견적을 받았고, 막상 공사에는 생각보다 큰돈을 투자하지 않아도 가능하다는 대답을 받았다. 그러나 우리는 이러한 큰 공사가 필요하다는 서류를 작성하여 더 싼 가격으로 건물을 매입할 수 있었다. 그 후 3개월에 걸쳐서 대대적인 공사를 마쳤고, 주차장까지 새로 깔끔하게 마무리를 한 후 좋은 가격에 다시 매각하였다. 불과 6개월 만에 큰 수익을 올렸을 뿐만 아니라 리스 계약 종료를 앞둔 인접 백화점 내에 입점해 있던 회사 매장의 재계약 협상에서도 유리하게 작용하였다. 계약이 결렬될 경우, 우리 매장은 백화점 밖으로 나가서 코너에 있는 더 좋은 위치의 자체 건물로 입점하겠노라고 협박(?)을 하여, 결국은 5년 리스에 월 5,000달러의 추가 월세 인하를 받았던 것이다.

부동산의 수입 중 활동 소득(Active Income)에 해당한다고 볼 수 있겠다. 건물을 매입한 후 실내외 공사를 직접 하였고, 건물 가치를 상승시켜서 되판 것이기 때문이다. 그러나 세금 보고에는 Capital Gain 수익으로 보고하여도 무난하다. 부동산에 안목이 있는 아들 덕분에 큰 수익을 올릴 수 있었다.

데저트 스카이 몰(피닉스, 애리조나)

사무실 빌딩의
폭락 예상과 파급 효과

    2023년 6월에 발표한 포브스의 발표에 따르면 놀랍게도 미국은 한국과는 달리 코로나 팬데믹 이후 재택근무의 시대가 아직 끝나지 않았다. 심지어는 계속하여 끝나지 않을 것이라는 예상이다. 전체 근로자의 28%가 하이브리드 재택근무라는 신개념으로 재택근무를 병행하고 있으며, 완전 재택근무 13%, 완전 사무실 근무 59%로 근무하고 있다. 젊은 층일수록 재택근무를 더 선호하며, 고연봉자나 고급 근로자일수록 원격근무를 허용해야만 고용할 수 있는 시대가 도래한 것이다. 이렇게 더욱 확대

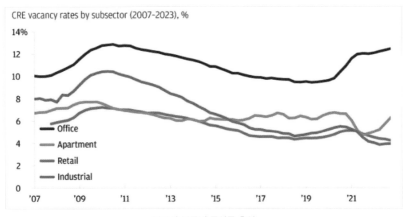

부동산 부문별 공실률 추이

출처: JPMorgan, CoStar. 2022.12.31 기준

되는 원격근무의 패턴으로 인해 앞으로 사무실 임대사업은 완전히 패러 다임이 바뀔 수도 있다.

현재 오피스 부동산의 공실률은 고공행진 중이다. 코로나19 팬데믹 이후 급격한 인력 감축을 포함한 구조조정이 불러온 현상이다. 상업 부 동산의 공실률이 증가하고 고금리 영향으로 조달금리까지 높아지면서 상업 부동산의 가치마저 하락하고 있다.

이렇게 사무실의 공실률이 계속 상승하면 부동산 시장과 주거 시장 에 다양한 변화를 미칠 수 있다. 미국의 금리는 큰 폭으로 상승하고 사 무실 건물 비용은 증가하게 되며 공실률은 높아질 것이다. 그러면 당연 히 임대료도 내려갈 것이다. 당연히 사무실 소유자들의 손실은 늘어날 것이며, 결과적으로는 사무실 매물이 많이 나오게 되어, 가격은 더 하락 할 것이다. 또한, 사무용 빌딩에 투자한 은행과 리츠 펀드들 역시 위험 에 처하게 될 것이라는 전망이다. 이로 인해 샌프란시스코, 워싱턴DC, 뉴욕 등 미국의 주요 도시들은 시 당국자들과 개발업자들이 함께 비어 있는 오피스 건물들을 아파트로 바꾸려는 협의를 하고 있다는 뉴스를 접 하고 있다. 도심의 오피스 공실 증가로 인한 가능한 예측과 영향에 대하 여 알아보자.

❶ 도심 내 콘도 매매 가격 하락

사무실 공실률이 상승하면 재택근무를 하는 사람들이 많아진다는 것 을 뜻한다. 즉 도심 안이나 근처 콘도, 아파트에 살던 사람들이 굳이 시 내에 머물 필요가 없어지므로 교외로 이주하게 될 것이다. 이에 따라 도 심 지역의 콘도 수요 역시 감소할 것이며, 이는 곧 시내 콘도 매매 가격의 하락으로 이어진다는 말이다. 현재 샌프란시스코 도심 인근에 있는 주택들의 가격이 50% 이상 하락하여 매물로 나왔으나 팔리지 않고 있으며, 평균 DOM(Date on the Market)이 120일이 넘을 정도라니 놀라울 뿐이다. 참고로 코로나19 팬데믹 이전에는 14일 정도였다.

❷ 시내 아파트 임대료 하락

사무실 공실이 많아진다는 것은 도심 지역에서 일하는 사람들의 수요가 줄어들었음을 말한다. 재택근무자들은 도심을 빠져나가고 도심 근처의 아파트는 일반 사무실 근로자들을 위한 주거지로 사용될 것이다. 이는 아파트 수요가 줄어들어 공실률이 높아진다는 의미이다. 즉 임대료 경쟁이 치열해지고 결국 임대료가 하락할 가능성이 있다.

❸ 차로 1~2시간 거리 교외의 주택가격 상승

사무실 공실률이 높아진다는 것은 원격근무를 선택하는 삶들이 더 많아질 가능성이 크다는 의미이다. 이에 따라 도심에서 멀리 떨어진 교외 지역의 주택이 더 인기가 있을 것으로 예상된다. 수요 증가로 인해 교외 주택가격 상승효과가 나타날 수 있겠다.

❹ 사무실 공실률의 영향 확대

사무실의 공실률이 계속해서 상승하면 부동산업 전반에도 영향을 미치게 될 것이다. 부동산 투자자들은 사무실 투자에 관한 관심을 잃고 다른 부동산 시장으로 이동할 수 있으며, 도심 지역의 재개발 프로젝트가 취소되거나 둔화할 수 있다.

❺ 혁신적인 사무실 공간 개발

사무실 공실률 상승은 부동산 개발자들에게 '위위크'나 '저스트코' '리저스' 등의 공유 오피스나 혁신적인 사무실 공간을 만들 아이디어를 채택하도록 자극할 것이다. 유연한 작업환경, 협업공간, 편의시설을 잘 갖춘 사무실은 여전히 수요가 있을 것으로 예상된다.

❻ 지역별 차이

이러한 영향은 지역에 따라 다를 수 있으며, 도시마다 다른 상황을 겪을 수도 있다. 예를 들어 샌프란시스코는 2023년 12월 현재 사무실 공실률이 36%를 넘어서고 있으며, 이는 규모로 126만 평방 스퀘어피트로서 도시 전체가 텅 비어 가는 수준에까지 이르렀다. 건물 세 개 중 하나는 완전히 비어 있다는 뜻이다. 샌프란시스코의 상황은 단지 재택근무 증가로 인한 영향이라기보다는 넘쳐나는 마약과 늘어나는 홈리스들, 그리고 그에 따른 범죄율 증가 등의 복합적인 상황에서 초래되었다.

아래 그래프에서 볼 수 있는 것처럼 경기와 경제상황에 따라 많은 부침이 있는 것이 상업용 부동산이다. 경제 흐름에 대한 이해와 주변에 대

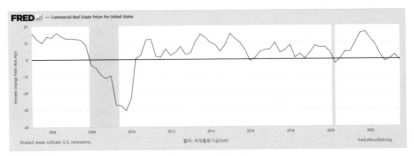

미국 상업용 부동산 가격지수

출처: 국제통화기금

한 냉철한 분석 등이 있어야 상업용 부동산 투자를 할 수 있다. 잘못 분석하면 자본금이 오랫동안 건물에 묶일 수 있으니, 가치분석에서부터 투자분석, 주변 시장상황 등에 더욱 꼼꼼해야 한다.

상가의 가치 산정하기

03

상가의 가치를 산정하는 데는 여러 가지 방법이 있다. 가장 일반적으로 사용되는 방법 중 몇 가지를 소개한다.

❶ 임대소득접근법(Income Approach)

이 방법은 상가로부터 기대되는 임대수익을 기반으로 가치를 산정한다. 순 현금흐름을 계산하고, 할인율을 적용하여 현재 가치를 구하는 것이다. 임대료, 유지·관리 비용, 공공요금 등을 고려하여 수입을 계산한다. 일반적으로는 상가의 장기임대계약이 있을 때 이 방법이 적합하다. 현장에서 간단하고 쉽게 계산하는 방법으로는, 상가의 평균 Cap Rate(자본환원율)를 5%로 잡았을 때 상가의 수입이 5,000달러라면 ×2를 하여 가치는 약 100만 달러가 될 수 있고, 수입이 1만 5,000달러라면 ×2를 하여 가치는 약 300만 달러라고 산정할 수 있다. 반대의 계산 개념으로 500만 달러의 매물을 보았다면, 그 건물은 월 2만 5,000달러의 수익이 발생하리라는 것을 짐작할 수 있다. 이것은 어디까지나 현장에서의 간단한 계산법이니 정확한 계산 결과와는 차이가 있으니 유의하기를 바란다. 개인 주택도 월세를 놓고자 하여 80만 달러에 매입한다면, 월세는 ÷2 하여 약 4,000달러에 세를 놓을 수 있다는 것을 쉽게 가정할 수 있다.

❷ 대체 비용법(Replacement Cost Approach)

이 방법은 상가를 새로 지어야 할 때 필요한 비용을 기반으로 가치를 산정하는 것이다. 즉 건물을 새로 지을 때 필요한 건설비용, 재료비용, 노동비용 등이 고려된다. 이 방법은 주로 상가가 오래되어 그 건물을 교체할 필요가 있을 때 유용하다.

❸ 시장비교법(Market Comparison Approach)

이 방법은 유사한 상가들의 판매가격을 비교하여 가치를 산정하는 것이다. 지역 내 유사한 상가들의 거래정보나 판매가격을 조사하여 가격을 결정한다. 이 방법은 시장조건이 안정적이고 유사 상가가 많이 존재할 때 유용하다.

❹ 비용접근법(Cost Approach)

이 방법은 상가의 현재 상태와 시대에 따른 감가상각을 고려하여 가치를 산정하는 것이다. 초기 투자비용을 고려하고, 건물의 연식 및 유지·보수 비용을 고려한다. 이 방법은 주로 상가가 특별한 용도로 사용되거나 재개발 가능성이 낮은 경우에 사용된다.

어떤 방법을 선택할지는 상가의 특성, 지역시장 조건, 목적 등에 따라 다를 수 있다. 일반적으로 여러 가지 방법을 고려하여 상가의 가치를 산정하는 것이 가장 정확한 결과를 얻는 데 도움이 된다. 또한 부동산 전문가나 감정사의 도움을 받는 것이 좋을 수 있다.

현재 운영하는 비즈니스의 상가를 노려라!

상가를 임대받아 비즈니스를 하고 있다면 바로 그 상가를 먼저 생각하자. 이미 상가 주인을 잘 알고 있으므로, 빌딩 주인에게 상가의 매입 의사를 밝히고 오퍼를 넣는다면, 빌딩 주인은 다른 이보다는 당신에게 더 좋은 조건으로 매각할 확률이 높다. 미국에서는 부동산 매매 커미션을 매도자가 100% 부담하는데, 이는 일반적으로 매각 대금의 4~6%이며 매도자로서는 조건만 맞는다면 커미션을 절약할 수 있으므로 좋은 가격으로 매도할 것이다. 건물 소유주가 현재로서는 매도할 의사가 없다 하더라도 상가 리스 계약 연장시에 특약 조건으로 '매매 옵션(Option to Purchase)'을 넣어 달라고 요청하여, 적극적으로 매입을 진행할 수도 있을 것이다. 아울러 당신의 사업체가 어떤 위치와 어떤 빌딩에 최적인지 잘 알고 있을 것이므로 직접 찾아서 추진하는 것도 한 방법이 될 것이다.

⭐ 친구의 첫 번째 상가투자

일본에 유학을 다녀온 친구는 늦게야 미국에 왔다. 세상은 참으로 좁다. 미국에서 만난 이 친구는 내 고교 동창의 가장 친한 군대 동기였다. 친구는 미국에 늦게 온 만큼 더욱더 열심히 일했다. 당시에 매장 하나를 그의 고교 동창인 다른 친구로부터 인수해서 운영하고 있었는데, 빌딩이 오래되고 관리가 전혀 되지 않아서 친구가 많이 힘들어하고 있었다.

　한여름에 에어컨이 없는 건물은 아마도 애리조나에서 그 건물밖에 없을 듯하였다. 덕분에 친구는 수시로 옥상을 오르내리며, 물로 실내를 시원하게 하는 '쿨러'를 고치곤 했다. 건물주는 에어컨 하나 설치해 주지도 않으면서, 감당할 수 없을 정도로 월세를 계속 올리고 있었다. 참다 못한 친구는 계약이 만료되는 시점에 더 이상 계약 연장을 못하겠다며 자문을 구해 왔다. 건물의 상태가 그렇더라도 운영하던 매장과 손님들을 버리고 멀리 떠날 수 없었던 친구는 아쉬움이 많았다.

　그런데 바로 길 건너에 빈 건물이 하나 마켓에 나왔다. 그러나 그 건물은 너무 형편없었다. 파키스탄 친구들이 매장을 운영하다가 버리고 떠났을 정도이니, 말해서 무엇 하랴. 그래도 친구는 단골손님들을 버리고 멀리 떠나지 않아도 되는 최대 장점이 있으니, 관심이 있는 모양이었다. 친구와 함께 들어가 본 건물은 그야말로 형편없었다. 정면 입구와 유리창부터 천장, 전기, 화장실, 상하수도, 에어컨, 창고까지 일부 벽과 지붕만 빼고는 대대적인 철거와 리모델링이 필요해 보였다. 결국 건물을 47만 달러에 매입하였고, 25만 달러를 들여 전면적인 재공사를 하였다. 그나마 50여 만 달러 이상 들어가는 공사에 케빈 아빠가 직접 참여해 저렴하게 공사를 마칠 수 있었다. 건물 공사를 진행하면서 매장의 실내 인테리어까지 동시에 진행할 수 있었으니, 공사를 잘 활용한 셈이었다. 공사를 모두 마친 후, 친구는 그곳에서 20년 넘게 매장을 잘 운영하고 있으며, 아울러 옆의 두 개의 매장으로부터 임대수익도 올리고 있다.

상가 부동산과 사업체 매입에 관심이 있거나 매물을 찾으려면, Loopnet. com을 활용할 수 있다. Loopnet.com은 미 전역을 서비스하고 사업체를 비롯한 모든 종류의 부동산을 지역과 함께 입력하여 쉽게 찾을 수 있다. 미국 최대 상업용 부동산 매물 사이트로 가격변동추이를 확인할 수 있으며, 무료 서비스이니 한번 이용해 볼 것을 권한다. 특히 수익성 상가와 호텔 또는 레스토랑 등의 비즈니스도 찾아볼 수 있어 유용하다.

미국에서 부동산 매매는 매도자만 수임료를 지불하기 때문에, 나의 매수 업무를 도와줄 나의 부동산 에이젼트를 동행하는것을 권면한다.

사업체를 운영하고 있다면, SBA 융자를 이용하라!

05

현재 사업체를 운영할 계획이 있든지 운영하고 있다면, SBA 융자를 이용해 보자. 운영하는 사업체가 그 건물의 51% 이상을 사용하거나 사용할 수 있다면, SBA 융자를 신청할 수 있으며, 허가받을 확률도 높다. 사업체가 건물 또는 상가의 51% 이상을 사용하기 용이한 사업체는 호텔 및 모텔, 자동차 딜러, 자동차 서비스업, 물류산업, 창고업, 대형 의류 및 식당 등이다.

⭐ 케빈 아빠의 회사 사옥, 매입에서 매각까지

1998년 운영하던 회사의 규모가 점점 확장되자 기존의 창고와 사무실 공간이 턱없이 부족하였다. 그래서 기존의 장소는 모두 창고로 사용하고, 한 소매 판매장의 뒷공간을 사무실로 사용하였으나, 이 또한 근본적인 해결책은 되지 못하였다. 그래서 회사의 리스 담당 부동산 중개인인 짐(Jim)에게 연락하여 건물을 부탁하였다. 짐은 기존의 회사 본부와 불과 1 마일(약 1.6km)여 떨어진 곳에 아주 좋은 건물을 찾아주었다.

가격은 우리 회사의 매출에 비하면 조금 부담되었지만, 건물 크기가 6만여 스퀘어피트(Square feet/1,680여 평)이었고, 찾고 있던 규모보다는 조금 더 컸지만, 반 정도를 세를 놓아 51% 이상만 사용하면 SBA 융자를 신청할 수 있었으니, 우리에게 아주 좋은 기회였다. 어떻게 보면 이날을 위하여 열심히 세금을 내며, 회사의 신용을 쌓아왔던 것 같았다. 모든 것이 순조롭게 되려고 하였는지 마침 LA에 있는 중앙은행에서 SBA 융자를 다른 주에까지 확대하여 서비스한다는 소식을 접하게 되었다. 그렇게 케빈 아빠는 어렵고 까다로운 SBA 융자를 받게 되었고, 추가로 사업자금까지 얻게 되었다.

그 후 25년 동안 은행 주인과 이름은 계속 바뀌었어도 SBA 융자는 건물을 매각할 때까지 계속 이어졌으며, 건물이 회사의 든든한 사옥으로 자리매김해 갈 수 있었다. 그 사이 회사는 계속 성장하여 연 매출 2,000만 달러까지 이루게 되었다. 참으로 감사한 일이다. 물론 건물보다는 함께 땀 흘리며 같이 일해준, 회사를 거쳐 간 많은 직원들이 있었기에 가능하였다. 그분들께 이 지면을 빌어 감사의 인사를 전한다.

아내의 지병으로 회사 운영이 어려워지자, 뉴욕에 있는 한인 의류회사에 회사를 매각하였다. 이후 2년 동안 그 회사에 사옥을 임대했는데, 계약이 만료된 회사는 다른 곳으로 이주를 희망하였다. 이번 기회에 지난 25년 동안 사옥으로 사용하였던 건물을 매각하기로 하였다. 매각하기 전, 매매에 부정적인 요소가 될 만한 것들을 수리하기로 하였다. 지붕수리에 18만 달러, 주차장 아스팔트 보수에 2만 달러, 5톤짜리 에어컨 14대의 보수, 수리 및 교체에 7만 달러 등 작지 않은 규모인지라 비용도 만만찮게 들었다. 그러나 이 건물 덕에 지난 30년 동안 회사를 잘 키워왔으니 고마운 마음이 앞섰다.

매각은 순조롭게 진행되었고, 젊은 러시아 출신 유대인 사업가에게 적당히 싼 가격에 매각하였다. 케빈 아빠는 175만 달러라는 싸지 않은 가격에 매입하였지만, 그때는 운영하던 사업에 꼭 필요했고 SBA 융자로 샀으니 고마운 매입이었다. 또한 더 큰 금액으로 매도할 수도 있었으나 꼭 필요로 하는 매수자에게 저렴하게 팔았다. 매수자가 있을 때 적기에 팔고 또 다른 상가를 재빨리 구매하면 되겠다 싶었다.

여기서 한 가지 유의할 점은 부동산이 막 활성화되어서 판로가 있을 때는 다른 건물 가격도 올라가는 추세이니 에스크로 기간을 최소화하고, 그 짧은 시간 안에 다른 매입대상 건물을 찾아야 그동안에 오르는 부동산 경기에서 손해를 보지 않는다. 또한 이 건물은 '1031 Exchange' 조항 조건으로 매각하였는데, 정해진 기간 안에 매입할 건물을 정하여 진행하여야 하므로, '매각 에스크로 기간' 동안에 재빠르게 매입할 부동산을 찾아서 결정하여야 하였다.

K-MOMO라는 케빈 아빠가 운영했던 사업체와 그 건물로 인하여

피닉스에 있는 K-MOMO 본사, 소매점으로 임대한 앞부분 전경

부동산의 업적도 이루었지만, 회사를 운영하면서 무엇보다도 감사하고 가장 보람이 있었던 것은 다른 부분이었다. 열심히 일하고 성실히 세금을 납부한 덕분에 미국 이민국에서도 인정받아 35년 동안 50여 명의 직원들에게 영주권 스폰서를 해주었고 그들과 가족들이 거절 받은 사람 하나 없이 모두 영주권을 받을 수 있게 된 것이다. 이것은 케빈 아빠가 미국에 오면서 간절히 기도하였던 '복의 통로'가 되게 하여 달라는 간절한 기도의 응답을 받은 것이다. 그저 감사할 따름이었다.

자금조달 활용 1
- SBA 융자

SBA 융자라 부르는 중소기업 대출은 미국 Small Business Administration (SBA)가 제공하는 프로그램으로, 중소기업 사업자들에게 다양한 유형의 금융 지원을 제공한다. 상업용 부동산 투자에 잘 활용하면 자본 부담을 많이 줄여서 원하는 사업을 시작할 수 있다.

이 프로그램을 통해 자금을 조달하려는 작은 비즈니스 소유자들은 다양한 형태의 융자를 신청할 수 있다. SBA 융자를 활용하는 데는 장단점이 있으므로 자신의 투자 목적과 방향에 맞는지 살펴보고 실행하는 것이 좋다.

장점 1 낮은 이자율 : SBA 융자는 일반적으로 시장 이자율보다 낮다. 이는 더 저렴하게 자금을 조달할 수 있음을 의미한다.

장점 2 긴 상환기간 : SBA 융자는 상환기간이 길어 자금상환에 대한 부담을 줄일 수 있다.

장점 3 보증 : SBA 융자는 대출금에 대한 부분적인 보증을 제공하여 금융기관에 리스크를 줄여준다. 이에 따라 신용등급이 높지 않은 지원자도 융자받을 가능성이 커진다.

장점 4 다양한 용도 : SBA 융자는 운영자금, 기계 또는 장비 구매, 부동산 투자 등 다양한 용도에 사용할 수 있으므로 사업의 필요에 맞게 조달할 수 있다.

단점 1 절차가 복잡 : SBA 융자 신청 및 승인 절차는 상대적으로 복잡하다. 일반 상업은행 대출보다 더 많은 문서작업과 시간이 소요될 수 있다.

단점 2 보증 요구사항 : SBA 융자를 신청하려면 일부 개인재산을 담보로 제공해야 할 수도 있으며, 소유자의 개인재산이 리스크에 노출될 수도 있다.

단점 3 제한된 자격요건 : SBA 융자는 일부 업종이나 용도에 대해서만 사용할 수 있어, 일부 비즈니스에는 적용되지 않을 수 있다.

☆ SBA 융자 조건 알아보기

모든 대출이 그러하듯 대출유형, 대출용도 및 대출 신청자의 신용 등에 따라 대출조건이 다를 수 있다. 일반적으로 SBA 융자의 주요 특징은 다음과 같다.

① **다운페이먼트(Down Payment)** : SBA 융자 프로그램은 일반적으로 높은 금액의 다운페이를 요구하지 않는다. 보통 10~20%의 상대적으로 매우 적은 다운페이만 있으면 된다. 대출 종류와 신용등급에 따라 다를 수 있으므로 자세히 알아보아야 한다.

② **대출기간** : SBA 융자의 대출기간은 대출용도에 따라 다르다. 운영자금 융자(SBA 7ⓐ)는 최대 10년에서 25년까지 대출기간이 길며, 고정자산 융자(SBA 504)도 최대 10~20년까지 다양한 대출기

간이 가능하다.

③ **이자율 :** SBA 융자의 이자율은 시장조건, 대출기간 및 대출금액에 따라 달라질 수 있다. 이자율은 일반적으로 시장 기준금리에 따라 조정되며, SBA 웹사이트나 채널을 통해 현재 이자율을 확인할 수 있다. 이자율은 정기적으로 업데이트되므로 최신 정보를 구하려면 공식 홈페이지나 SBA 지역 사무소를 찾아보는 것이 좋다. 또한 현지 은행이나 금융기관에서 상담해 볼 수도 있다. 대출조건은 시간이 지남에 따라 변할 수 있으므로 최신 정보를 얻는 것이 가장 중요하다.

④ **부동산 대출 :** 부동산은 본인(회사)이 사업 목적으로 사용하려는 공간이, 매입하려는 전체 건물의 50%가 넘어야 SBA 신청자격 요건이 성립된다.

실전 투자분석
– Cap Rate

상업용 부동산(Commercial Property) 분석은 부동산 투자자가 상업용 부동산 투자의 잠재적인 수익을 평가하고 이해하는 과정이다. 이 분석은 다양한 지표와 요소를 고려하여 이루어진다. 중요한 지표 중 하나가 Cap Rate(Capitalization Rate, 자본환원율)이다. Cap Rate는 부동산으로부터 벌어들이는 돈과 이에 투자한 비용과의 비율을 수익률로 나타낸 것이다. 부동산 투자 물건들의 수익성이나 수익 가능성을 빠르게 비교하기 위해 사용된다.

간단하게 부동산의 연간 순 임대료 수입을 해당 부동산의 현재 시장 가치 또는 투자가치로 나눈 것이다. 수식으로는 다음과 같이 나타낼 수 있다.

> Cap Rate(%) = 1년 Net Operating Income(NOI)
> ÷ Current Market Value or Acquisition Cost × 100

- Net Operating Income(NOI) : 부동산 투자로부터 얻은 연간 순수익. 이 수익은 임대료 수입에서 운영비용(관리비, 세금, 유지·보수 비용 등)을 제외한 금액이다.

• Current Market Value or Acquisition Cost : 부동산의 현재 시장가치 또는 투자가치이다.

예를 들어 상가 하나를 1,000만 달러에 사들여서 임대료 수익이 발생한다고 가정해 보자. 월 임대수익이 60만 달러이고 연간 운영비용이 10만 달러라면 이 물건의 Cap Rate는,

$((600,000 - 100,000) \div 10,000,000) \times 100 = 5.5\%$ 로 나타낼 수 있다.

• Cap Rate 산출방식

Cap Rate는 연간 NOI를 자산의 시장가치로 나누어 계산되며 백분율로 표시된다.

$$\frac{\text{연간순영업이익(NOI)}}{\text{자산의 시장가치}} = \frac{\text{(부동산자산에 의한 소득)}}{\text{(부동산자산의 공정시가)}} = \text{Cap Rate 미상환 수익률(\%)}$$

• Cap Rate 예시

부동산의 연간 순이익 NOI가 50만 달러이고 부동산 가치가 1,000만 달러인 경우 이 자산의 상한비율은 5%이다.

$$\frac{\text{NOI}}{\text{시장가치}} = \frac{500,000}{10,000,000} = 5\%$$

❶ Cap Rate가 높아야 좋을까?

Cap Rate가 높다는 것은 투자한 부동산이 현재 시장가치에 비해 높은 현금흐름을 생성한다는 것을 의미한다. 이는 투자자에게 더 높은 현금수익을 내줄 수 있다는 얘기다. 일반적으로 높은 Cap Rate의 부동산은 더 빠른 수익의 기회를 가져올 수 있다. 그러나 그만큼 더 많은 위험을 내포하거나 부동산 시장에서 문제가 있는 물건인 경우가 많다. 따라서 높은 Cap Rate를 가진 부동산을 선택할 때는 추가적인 조사와 위험평가가 필요하다. 2024년 1월 현재 미국의 평균 Cap Rate는 5% 정도로 계속하여 조금씩 내려가고 있는 추세이다. 이는 높아져 가는 이자율로 임대수익은 그대로인 데 반하여, 인플레이션으로 인한 부동산, 즉 수익 상가의 가격은 계속 오르고 있기 때문이라고 볼 수 있다.

❷ 부동산 가치상승이 높은 것이 좋을까?

부동산 가치의 상승도 부동산 투자에서 중요한 측면이다. 부동산 시장에서 가치상승은 부동산의 시세가 높아지는 것을 의미하며, 투자자에게 추가적인 이익을 제공한다. 가치상승은 보통 장기적인 투자전략을 따르는 투자자에게 이점이 있다.

❸ Cap Rate와 부동산 가치상승 모두 비교 분석!

Cap Rate와 부동산 가치상승은 부동산 투자에서 서로 다른 측면을 나타낸다. Cap Rate는 현재 수익을 나타내는 데 초점을 맞추고, 부동산의 현금흐름을 평가한다. 높은 Cap Rate는 빠른 현금수익을 의미할 수 있으나, 더 높은 위험을 내포할 수 있기도 하다. 반면, 부동산 가치상승은 장기적인 투자가치를 나타내며, 부동산 시세의 증가를 기대한다. 이것은 부동산 투자의 장기적인 성과를 측정하는 데 중요한 수치이다. 그러므로, 투자 목표와 전략에 따라 높은 Cap Rate를 가진 부동산이나 가치상승 가능성이 높은 부동산 중 어떤 것을 선택할지 결정해야 한다. 투자 포트폴리오 다변화와 위험 관리를 종합적으로 고려하여 결정해야 할 것이다.

⭐ 한국에서의 첫 상가 투자

케빈 아빠 부부는 아들들이 비록 미국에서 태어났지만, 한국인으로 살아갔으면 하고 바랐다. 특히 큰아들에게 그런 바람이 컸는데, 우리의 바람대로 케빈은 한국외국어대학교 국제대학 경영학과에 들어가게 되었다. 아들은 처음 1년 동안은 기숙사에 있었으나, 2년 차부터는 학교 밖에서 생활하여야 하였다. 아들은 학교 앞 이문동에서 월세로 거주하게 되었고, 케빈 아빠 부부는 아들을 방문하러 동대문구 이문동에 자주 갔었다. 그때까지만 해도 부모님이 살아계실 때라 한국에 자주 방문하는 편이었다.

하루는 외대 앞을 지나면서 상가분양 안내 광고를 보았고, 한국에서는 상가를 어떤 방식으로 분양하는지 궁금하고 관심이 있어서 연락하고 찾아가 보았다. 찾아간 주상복합상가는 완공 후 미분양 된 시행사 지분을 직접 분양하는 중이었다. 매수자에게 혜택을 더 주고, 임차인도 이미 확보되어 있어, 계약과 동시에 많은 수익을 낼 수 있다는 내용이었다. 투자금액과 월 수익을 계산해 보니 좋은 투자임은 분명해 보였다.

그러나 기획 부동산에서 제시하는 숫자는 장밋빛이었다. 한국을 떠나온 지 오래되어 한국 수익상가 시장의 상황을 잘 모르던 케빈 아빠 부부는 조금 주저하였지만, 보증금과 월세도 시세에 적당할 테니 임차인도 계약할 터이고, 임차인이 중간에 나간다고 하더라도 계약부터 적어도 2년간은 시행사에서 보장해 주는 파격적인 임대조건이 마음에 들어 최종 매입을 결정하였다. 케빈 아빠는 미국 시민권자로서 외국인이니 대출은 어려웠으나 요구하는 많은 서류들을 준비하였고, 또 시행사의 도움으로 대출을 받으며 구매하게 되었다. 그러나 2년 후 세입자와 재계약을 하려 할 때, 그동안 받았던 월세가 현실과는 동떨어진 기획된 숫자에 불과하였다는 것을 알게 되었다. 임차인은 보증금 일부를 기획 부동산으로부터 지원받았고, 그 대가로 약간 높게 책정된 월세를 2년 동안 우리에게 납부해 오고 있었던 것이다. 그러니 당연히 임대연장 시에는 훨씬 더 저렴한 월세로 계약하자고 요구해 왔고, 그렇게 재계약할 수밖에 없었다. 그럼에도 다행인 것은 그 임차인들이 지금까지 계약 연장을 계속하여 왔고, 주변에 이문동 1지구, 3지구 전체 재개발을 5년 넘게 하고 있지만, 고맙게도 힘겹게 버티며 영업을 하고 있다. 그동안 여러 고비가 있었지만, 처음부터 좋은 수익을 올린 상가였고 임대료를 조절했지만 임차인이 계속 영업하고 있기에 지금까지 버티고 있다. 물론 그사이 아파트나 다른 부동산에 투자하였다면 더 많은 자본수익(Capital Income)을 올렸을 수도 있다. 그래도 앞으로 1년만 더 버티면 일대의 모든 아파트가 완공하고 입주를 마치게 될 것이고, 더 좋은 결과가 있으리라 기대해 본다.

자금조달 활용 2
– 부채 활용

케빈 아빠의 첫 부동산 투자

케빈 아빠는 28세에 미국에서 생애 첫 번째로 상가에 투자한 건물을 지금도 가지고 있다. 당시에 미국인 할아버지로부터 그의 작은 상가 하나를 26만 달러에 오퍼를 받았는데, 그리 좋은 위치도 아니었고 좋은 건물도 아니었지만, 내 생애 처음으로 상가에 투자한다는 자체만으로도 너무 흥분되었다. 당시 케빈 아빠는 그 정도의 돈도 없었을 뿐만 아니라 쌓아온 신용도 없었다. 그러나 그런 젊은이의 도전과 의지를 보고 그분은 내게 'Seller Financing'으로 기회를 주었고, 나는 좋은 조건은 아니었지만, 덥석 받아들였다.

총 가격은 26만 달러로, 6만 달러로 다운페이먼트를 하고 난 후, 30년납 분할상환(Amortization)으로 이자는 7%였다. 그리고 5년 후에 잔금을 일시불로 갚는 잔금 만기일시상환(Balloon Payment) 조건으로 이루어졌다. 은행의 융자 없이 믿어준 덕에 첫 투자부터 제대로 배웠다. 사실 5년 후에 잔금을 모두 갚기에는 매우 버거웠으나, 별도의 사업이 그런대로 운영되던 때라 위기를 잘 넘겼다. 그대로 만기일시상환을 할 수 있었으니 말이다.

이렇게 구매한 상가는 임대하고 있었던 세입자가 나가면서, 추가 투자를 통해 건물 리모델링을 하였으나 여전히 임대가 나가지 않았다. 할 수 없이 당시 봉사하던 '한인회'에 무료로 임대했다. 아울러 한인회에서 직접 운영하던 '한국학교'도 그곳에서 함께 운영하게 하였다. 덕분에 꾸준히 한국학교에 다녔던 케빈 아빠의 세 아들들은 미국에서 태어났지만, 한국어를 읽고 쓰기를 잘하여 지금은 카톡에서 한글로 안부를 주고받는다. 감사할 뿐이다.

그 후 루이스라는 동갑내기 멕시코인 친구가 아이스크림 가게를 28년 동안 운영하다가, 2023년 4월 인근에 크고 좋은 빌딩을 사서 독립하여 나갔다. 지금은 리모델링을 거쳐 월 1만 2,500달러의 수입이 들어오고 있으니, 빌딩 가치는 약 250만 달러로 추산된다. 30년 만에 10배 정도의 가치상승을 이룬 것이다.

로버트 기요사키의 책《부자 아빠, 가난한 아빠》
당시 그와 같은 시간과 공간에서 같은 생각을 하고 있었다는 것이 신기했다.

《부자 아빠, 가난한 아빠》의 저자 로버트 기요사키는 "부자가 되려면 소득과 지출, 자산과 부채 및 현금의 흐름을 알아야 한다. 그리고 부채와 세금을 활용할 줄 알아야 한다"라고 부채의 적극적인 활용을 강조하였다. 나의 생애 첫 상가 투자가 로버트 기요사키의 말대로 이루어진 것이 새삼 신기하다.

Seller Carry 또는 Seller Financing

Seller Carry 또는 Seller Financing은 부동산 거래에서 사용되는 금융옵션 중 하나이다. 이것은 판매자가 구매자에게 대출을 직접 제공하여 건물을 구매하는 프로세스를 지원하는 것을 의미한다. 구매자가 은행이나 금융기관을 통한 대출을 이용하지 않고 판매자로부터 대출을 받는 것이다.

① **판매자가 대출을 제공한다**

판매자가 구매자에게 대출을 제공하므로 구매자는 은행이나 대출회사를 통한 대출을 받을 필요가 없다. 그러나 이자율이 다소 높아질 수 있다.

② **구매자와 판매자 간의 협상이 중요하다**

이 거래는 구매자와 판매자 간의 협상에 따라 조정된다. 금리, 대출조건, 상환 일정은 판매자와 구매자가 합의한 대로 설정된다.

③ **유연한 조건**

판매자와 구매자는 대출조건을 유연하게 협의할 수 있으므로, 이러한 거래는 일반적인 은행대출과 다른 유리한 조건을 가질 수 있다.

④ **보증금 및 이자율 협상**

보증금과 이자율은 판매자와 구매자 간의 협상에 따라 결정된다. 판매자가 구매자에게 대출을 제공하므로, 시장 이자율과는 다를 수 있다.

Seller Carry 또는 Seller Financing 을 사용할 때 구매자와 판매자는 모두 잠재적인 이자 및 상환일정, 원금상환 방법, 보증금 등과 관련한 모든 조건에 대해 명확하게 협의해야 한다. 또한, 잠재적인 법적 문제를 피하기 위해 전문가의 도움을 받는 것이 좋다. 이러한 거래는 양측 모두에게 이점이 있을 수 있지만, 신중하게 계획하고 이행해야 한다.

Amortization과 Balloon Payment

건물을 매입할 때 'Balloon Payment'와 'Amortization'은 주택융자나 상업용 부동산 거래에서 자주 사용되는 금융용어이다.

'Amortization(분할상환)'은 대출이나 융자를 원금과 이자를 결합하여 일정한 기간 균일하게 상환되는 과정을 의미한다. 이것은 주로 주택담보 대출에서 사용되며, 대출 원금과 이자를 포함한 매월 또는 매년 일정한 금액을 지급함으로써 대출을 상환하는 방법을 설명한다. 이를 통해 대출 상환 계획을 구체화하고, 대출기간에 얼마를 상환해야 하는지 계산할 수 있다.

일반적인 Amortization 계획과 달리 벌룬페이먼트(Balloon Payment)는

대출기간에 대출 만기일(보통 3년 또는 5년)에 남은 모든 원금을 일시불로 상환해야 하는 형태의 대출상환 방식이다. 즉, 대출 초기에는 월 상환액이 낮고, 대출의 일정 기간 후에는 남은 원금을 한번에 상환해야 한다. 이것은 주로 상업용 부동산 거래나 일부 개인대출에서 사용된다.

벌룬페이먼트가 있는 대출은 다음과 같은 사항에 유의해야 한다.

① **대출 만기 시 큰 금액** : 대출기간에 월 상환금이 낮지만, 만기 시에 큰 금액을 상환해야 한다. 이 금액을 감당할 수 있는 자금을 확보해야 한다.

② **재융자 필요성(Refinancing)** : 대출 만기 시 벌룬페이먼트를 상환할 자금을 마련하기 위해 다시 대출을 구하거나 자금을 조달해야 할 수 있다.

③ **이자 부담** : 대출 초기에 원금상환 부분이 적기 때문에, 대출 만기 시까지 더 많은 이자를 내게 된다.

따라서 벌룬페이먼트 대출을 고려할 때는 자금상황과 금융계획을 신중하게 생각해야 한다. 부동산 시장과 금리 변동성도 함께 고려해야 해서, 금융 컨설턴트와 상담하여 적절한 결정을 내리는 것이 중요하다.

자금조달 활용 3
- 세금 유예법 활용

　30년 동안 회사가 사용하던 사옥을 저렴하게 매각하였다. 그나마 회사가 사용하던 본사 건물을 일찍이 SBA 융자로 매입하였었고, 융자금 상환도 마쳤기에 400만 달러 이상의 여유자금이 생겼다. 케빈 아빠는 곧바로 로스앤젤레스에 있는 1031 교환 전문 변호사에게 이를 알리었고, 변호사는 은행에 1031 교환 계좌를 개설할 수 있었다. 1031 교환의 장점은 건물 매각 후 다른 새로운 건물에 100% 재투자하면, 납부하여야 할 상당액의 양도세를 전액 유예받을 수 있다는 것이다. 또한, 재투자하는 건물이 꼭 하나여야 할 필요도 없고, 같은 종류여야 할 필요도 없다. 그렇게 사옥 매각자금을 레버리지로 최대한 활용하여, 삼분의 일은 임대수익 주택(Residential Income Property)으로 재투자하고, 삼분의 이는 상가(Commercial Income Property)를 매입하기로 계획을 세우고 매물을 찾기 시작하였다.

　마침 아직 부동산 시장에 나오지도 않은 물건을 소개받아 소유주를 어렵사리 직접 만날 수가 있었고, 몇 번의 만남을 더 가진 후에 매매 계약을 성사할 수 있었다. 부동산 시장 가격보다도 훨씬 싸게 매입하면서도 매도인은 2021년 해당 연도에 다른 부동산으로 많은 이익을 남기고 매도하였기에, 조금 손해를 보고 팔아도 세금에 대한 여유가 많이 있다며 가격을 더 저렴하게 해주었다. 매입한 지 2년 만에 본인이 산 가격보다도 낮은 가격에 케빈 아빠에게 매도한 것이다. 굳이 그렇게 하지 않아도 되는데. 매도자와 매수자가 직접 계약을 하였기에 중개사 브로커 수수료를 6% 정도 절약했다고 생각한 것이다.

아무튼 좋은 분을 만나서, 꼭 사고 싶었던 좋은 건물을 저렴하게 매입해 너무 감사할 뿐이었다. 원래 그 상가는 유명한 한국 가수의 소유였는데, 법률 송사로 인한 이유로 건물을 매각한 지 얼마 안 되어서 매도자가 다시 본인이 산 가격보다도 더 싸게 케빈 아빠에게 팔았으니, 빌딩이 주인을 따로 기다리고 있었던 것 같기도 하였다. 또 부동산 가격이 꾸준히 오르는 시기에 애리조나에 있는 건물을 매도하면서, 순발력 있게 매수할 물건을 찾아서 1031 교환으로 에스크로를 오픈한 것이 주효하였다.

2021년 LA 한인타운 올림픽가에 매입한 상가

가장 큰 손해를 본,
가장 긴 이야기

2006년 6월의 어느 날 동생에게서 전화가 왔다.

"형! 형 친구 B형한테 돈이 좀 물렸는데, 형이 좀 도와주면 안 될까?"

"누구? 아… B하고는 돈 거래하지 말라고 했잖아. 얼마인데?"

"8만 달러…."

"야! 어쩌다가 그랬어?"

"형 친구니까… 믿고 그랬지."

적은 액수였지만 어이가 없었다. 물론 B는 친구지만, 재정적으로는 엮이고 싶지 않았다. B는 30여 년 전 미국에 와서 사업으로 만난 친구였는데, 동갑이었고 호탕하고 활발하였으며, 무엇보다도 30대 초반에 규모가 꽤 큰 도매업을 하고 있었다. 그 당시 LA에서 3만여 스퀘어피트의 창고와 매장을 가지고 있었으니, 지방에서 소매업을 하던 케빈 아빠는 감사하게도 그 친구의 도움을 많이 받았다. 한 달에 한두 번 컨테이너로 물건을 받았는데, 여기저기에 주문만 해 놓으면, 도매상 사장들이 그곳으로 물건들을 보내 주었다. 그곳에서 물건을 받고 결재를 한 후 컨테이너에 물건을 집적하여 우리 회사로 보내는 식이었다. 내가 바쁘거나 자리에 없으면 그 친구가 대신 알아서 일도 처리해 주었다. 우리는 3년 정도 사업뿐 아니라 개인적으로도 부부끼리 잘 어울렸다. 둘 다 유학으로 미국에 와서 일찌감치 사업을 시작하였고, 동갑에 아들 셋을 둔 공통점도 있었다. 아이들 나이도 비슷했고, 터울이 있는 남동생들도 나이가 같았다. 많은 유대감으로 더 어울리게 되었던 것 같았다.

동생의 말로는 B가 애리조나의 소도시 카사 그란데에 큰 건물과 땅을 사들여 에스크로 중인데, 코너에 있는 땅을 나중에 분할해서 넘겨줄 테니 30만 달러만 융통해 달라고 했다는 것이다. 동생은 가지고 있던 8만 달러를 건네주었는데, 서류도 없고 서류 진행도 없고 에스크로 서류만 보여 주었다고 했다.

당시에 케빈 아빠는 캘리포니아에 살고 있었기에 곧바로 친구에게 전화를 걸어 확인을 해보니 모두 사실이었다. 단지 에스크로 클로징(escrow closing) 때 갚아야 할 금액은 융자를 못 받아서 계속 연장하고 있는데, 1개월 후면 모든 다운페이(Down payment)와 에스크로 연장 시 추가로 내었던 중도금까지 모두 날릴 수밖에 없다는 것이었다. 동생한테 받은 돈은 이미 중도금으로 지급한 상태라고 했다.

"그러니 네가 좀 도와주었으면 좋겠다. 일단 잔금을 융자받게 해주어야 동생 땅 서류도 나중에 해줄 수가 있다"라는 것이다.

나서지 않으면 동생 돈을 다 날릴 상황이었다. 동생이 관련되어 있으니 마냥 모르는 체할 수도 없고 건물부터 볼 요량으로 비행기로 날아갔다. 건물과 땅은 기가 막히게 좋았다. '월마트 슈퍼센터'였던 건물은 그 도시에서 가장 큰 건물로 15만 스퀘어피트(4만 2천 평)가 훨씬 넘었고, 위치도 가장 번잡한 곳이었다. 매장 내에 맥도널드가 있었고, 옥상에는 집 채만 한 에어컨 40여 대가 있을 정도였다.

"건물은 괜찮은 것도 같군."

곧바로 거래처인 한국계 은행 지점장에게 전화를 걸었다. 다행히 은행에서는 그해부터 타 주의 상업용 건물 융자를 시작하였다면서 에스크로 서류를 보내 달라고 하였다. 융자는 거절당했다. 그러나 친구는 일단 융자를 해주면, 에스크로를 닫고 1년 안에 제2 금융권에서 융자받아 갚겠다고 애원하였다. 그러나 어디 은행이 그렇게 만만한 곳인가? 그러나 친구는 내게 계속 매달렸다.

"이번만 나를 좀 도와줘! 자네 앞으로 융자를 받으면, 건물을 반으로 나누어 지분을 주고 반으로 나누는 공사비용도 내가 전액 부담해서 공사를 할게."

나는 할 수 없이 그에게 계약서를 요구하였고 그는 서류를 준비해서 가지고 왔다. 그리고 나는 지점장님에게 다시 전화하였다.

"지점장님 어떻게 방법이 없겠습니까?"

"케빈 아빠께서는 그 빌딩에 연연해하지 않았으면 좋겠습니다."

"그래도… 제 동생이 관련되어 있어서 그렇습니다. 그리고 건물 반을 받기로 하였습니다."

"정 그러시다면, 방법이 하나 있기는 한데… 지금 저희 지점에 맡겨 놓으신 250을 담보로 해주시면 200을 융자해 드리겠습니다."

필자가 지금까지 모아온 현금 전부와 한국의 서현동에 있던 땅을 매각한 것을 모두 합쳐 담보로 달라는 것이었다. 어차피 추가로 투자 건이 있으면 사용하려던 계획이었으므로 투자하는 셈 치기로 하였다. 그렇게 해서 은행에서는 그의 에스크로로 돈이 건네졌고, 명의는 원래 에스크로에 있는 계약서대로 그 친구 앞으로 하게 되었다. 그러나 시간이 지나도 재융자를 하기로 했던 약속도, 내 이름을 추가로 넣기로 한 약속도, 반으로 나누어 공사를 하기로 하였던 약속도, 어느 것 하나 지켜지지 않았다. 급기야 지점장도 재촉하기 시작하였다.

"건물에 회장님 이름은 언제 추가되는 겁니까? 이러다가 저희는 위에서 감사 나오면 정말 큰일 납니다. 그러지 마시고, 그분으로부터 지분을 다 인수하시지요?"

B는 자기가 지급한 계약금과 중도금 그리고 지분에 대한 응분의 보상을 모두 현금으로 요구하였다. B는 자칫 잃어버릴 뻔하였던 계약금과 중도금을 되찾게 되었고, 약속한 공사는 하지 않게 되었는데도 불구하고, 적지 않은 금액을 현금으로 요구해 왔다. 은행에서는 조급하였는지 그렇게 해서라도 빨리 명의를 찾으라고 재촉하였다. 친구가 아니었다면, 그리고 동생이 관련되지 않았다면 이런 어리석은 투자에 말려들지 않았을 터인데, 후회막급이었지만 되돌리기에는 이미 늦어버렸다. 그리고 부동산 시장에는 점점 불황의 그림자가 드리워지기 시작하였다. 가격은 점점 떨어지고 있었고 빨리 거래를 마무리하고 시장에 급매라도 내놓아야 할 상황이었다. 다행히 웃돈을 건네고서야 모든 서류 작업이 마무리되었다.

그 후 건물을 시장에 내놓았지만 쉽게 팔리지는 않았다. 그리고 그동안 케빈 아빠는 적지 않은 이자를 계속 갚아 나가야 했다. 거의 1년이 다 되어갈 무렵 매도를 포기하고 차라리 공사를 하여 임대를 놓으려고 계획을 변경하고, 캘리포니아에서 리모델링 전문 회사의 경영진과 함께 건물을 방문하였다. 그런데 이게 웬일인가? 문을 열고 건물 안으로 들어서던 우리 일행은 다들 놀라서 기절할 뻔하였다. 그렇게 아름답고 좋았던 건물 내부는 마치 2차 대전 후 폭격을 맞은 건물처럼 엉망이었다. 겉에서 본 뼈대만 멀쩡하였고, 모든 건물 안은 홈리스들이 금속을 빼내어 고물상에 팔기 위해 모두 헤집어진 상태였다. 대형 에어컨이 있던 옥상은 더 엉망이었다. 다리가 풀려서 일어날 수 없던 케빈 아빠를 대신에 동행한 일행들이 경찰을 불러 주었다. 나중에 경찰들한테서 들은 말로는 그 도시가 생긴 이래 가장 큰 범죄사건이었다고 하였다. 미국에서 비어 있는 건물들은 이러한 이유로 보험을 받아주지 않는다. 그러나 처음에 은행 융자를 받기 위하여 보험료를 감당하며, 보험을 들었던 것을 기억하고는 회사 직원에게 전화하였다.

"내가 지금 카사 그란데에 와 있는데, 이 건물 보험 좀 확인해 주세요."

"네, 지금도 보험금이 계속 나가고 있습니다. 그때 제일 비싼 것으로 하라고 하셔서 그렇게 하고 있습니다."

케빈 아빠는 분명히 그 직원에게 제일 싼 걸로 보험을 잠시만 들자고 하였는데, 그 친구는 어떻게 정반대로 들은 모양이었다. 평상시에도 뜬금없는 행동으로 꽤나 재미있는 친구였다. 아무튼 보험이 살아 있다니 천만다행이었다. 그러나 손해배상 보험료는 매우 실망스럽게도 형편없이 낮게 책정되어 나왔다. 그래도 전혀 없는 것보다는 낫지 않은가? 그러나 그 액수로는 공사를 할 수도 없었고, 우리는 그 건물을 다시 시장에 내놓아야 하였으나 부동산 경기는 불경기로 접어들었고, 건물은 형편없이 망가졌으니, 그 누가 건물을 매입하려 하겠는가? 이것을 B에 하소연하였더니 그는 현답을 즉석에서 내놓았다.

"똥값에 팔아, 그러면 똥파리들이 몰려들 거야!"

지금까지의 손해는 접어두고 더 이상의 피해를 최소화하려면 과연 그의 말이 맞았다. 그렇게 건물은 믿을 수 없는 저렴한 가격에 임자를 만나서 팔려 나갔다. 그렇게 건물을 매각한 후 P&L(손익계산서)을 내보니, 처음 은행에 가지고 있던 230만 달러의 현금은 모두 사라지고 단 3만 5,000달러만 손에 남게 되었다. 물론 동생은 그의 투자금을 돌려받았고, B는 자신의 모든 투자금과 플러스 알파를 챙겨갔다.

케빈 아빠는 도무지 아내의 얼굴을 마주할 자신이 없었다. 꿈을 꾼 듯 불과 1년 사이에 230만 달러의 손실을 보고 말았다. 집에서 쫓겨나도 할 말이 없을 듯하였다. 심각하게 고민하던 케빈 아빠는 할 수 없이 수표 한 장을 들고 시계 집으로 향하였다. 평상시에 아내에게 사 주고 싶었던 시계를 사고 싶었다. 이 돈마저 날렸다면 이것도 살 수 없었을 테니 그마저도 감사했다. 그동안 우리 부부가 어렵게 모아온 모든 현금자산을 한순간에 다 날려버리고, 풀이 죽어서 집으로 돌아온 남편을 그래도 아내는 반갑게 맞아주었다. 혹시라도 좋지 않은 일이 생길까 봐 조마

구 월마트 수퍼센터(카사 그란데, 애리조나)

조마하다가 남편이 집에 돌아왔으니 반가웠나 보다. 그런 아내에게 시계는 큰 의미였다. 아내에게 그 시계는 230만 달러짜리였다.

이 투자의 주된 실패 이유는 부동산의 흐름을 전혀 파악하지 못했던 데 있다. 당시 건물이 있던 그 소도시의 상권은 고속도로 옆으로 이전해 가면서, 도시의 모든 상권이 고속도로 옆에 새로 짓는 새로운 쇼핑센터로 이전하는 추세였으나, 멀리 떨어져서 살던 케빈 아빠는 옛날에 알고 있던 상권만 생각하였던 것이다. 그후로 케빈 엄마와 아빠는 부동산을 매입하기 전에 적어도 다섯 번 이상은 꼭 현장을 방문하게 되었다.

땅을 사서
직접 상가를 짓기

11

25년 전 하루는 아내가 투자하기 좋은 땅을 발견했다며 다소 흥분되어 집으로 들어왔다. 위치를 물어보니 아주 좋았다. 케빈 아빠도 그 앞을 수없이 지나다녔는데 케빈 아빠 눈에는 띄지 않던 땅이 아내의 눈에는 보였던 것이다. 그 땅을 매입하고 5년 후에 지역 커뮤니티 은행에 건설자금대출(Construction Loan)을 신청하였더니 의외로 쉽게 허락이 나왔다. 그 은행(Phoenix Asian Bank)은 케빈 아빠가 이사가 되려고 집중적으로 투자하면서 공들였는데, 이사는 되지 못하였지만, 융자를 받았고, 건물을 지었다. 몇 년 후 그 은행은 문을 닫고 말았다. 케빈 아빠는 은행에 투자한 금액을 모두 날리고 말았지만, 지금 그 건물은 투자금의 4배 정도는 성장하였다. 그 건물은 무엇보다도 직접 지었다는 자부심이 지금까지도 스스로를 자랑스럽게 한다.

Construction Loan(건설자금대출) 신청하기

건물을 공사할 때 Construction Loan(건설자금대출)을 신청하는 것은 중요한 결정이며, 몇 가지 주의할 점이 있다. 아래는 반드시 고려해야 할 주요 사항이다.

- 신용점수 : 건설자금대출은 일반적으로 신용점수가 높아야 승인된다. 신용점수가 낮은 경우 대출승인이 어려울 수 있고, 되더라도 더 높은 이자율을 감당해야 할 수 있다.
- 금융상태 : 대출신청 전에 개인의 재무상황을 검토해야 한다. 자산, 부채, 소득 등을 확인하고 대출신청자의 좋은 신용을 입증해야 한다.
- 예산 및 계획 : 공사 예산과 계획을 작성해야 한다. 얼마의 자금이 필요한지 계산하고, 공사가 어떻게 진행될 것인지 상세히 계획해야 한다.
- 대출 종류 : 건설자금대출에는 여러 가지 유형이 있다. 주택건설 대출, 상업용 건설 대출 등 다양한 선택지가 있으므로 목적에 맞는 대출을 선택해야 한다.
- 대출신청서 및 문서 : 대출신청서를 작성하고 필요한 문서를 제출해야 한다. 보통은 소득확인, 자산확인, 공사계획, 예산 등과 관련된 문서가 필요하다.
- 대출서류 검토 : 대출서류를 주의 깊게 검토해야 한다. 이자율, 상환조건, 월 상환액, 만기일 등 대출조건을 이해해야 한다.
- 이자율 및 기간 : 건설자금대출의 이자율과 기간을 확인해야 한다. 고정 이자율과 변동 이자율 중 어떤 것을 선택할 것인지 결정해야 하며, 대출기간도 잘 고려해야 한다.
- 대출연장 옵션 : 건설 프로젝트가 예상보다 오래 걸릴 수 있으므로 대출연장 옵션을 고려해야 한다.

Setback 이란?

건물을 공사할 때 'Setback(일정거리유지)'은 일반적으로 건물 또는 구조물을 토지 경계 또는 도로와의 거리에 따라 내 땅 안쪽으로 후진 배치하는 규칙 또는 요구사항을 가리킨다. 이것은 주로 도시 또는 지방 정부의 건축 규정 및 조건에 따라 정해지며, 다음과 같은 몇 가지 목적을 가지고 있다.

- 안전 및 보안 : 건물이 서로 너무 가깝게 위치하지 않도록 하여 화재, 안전 및 보안 문제를 방지한다.
- 공공 공간 보호 : 도로와의 충돌을 방지하고 도로 및 보도와 같은 공공 공간을 보호한다.
- 자연환경 및 녹지보호 : 자연환경을 보호하고 녹지지역을 유지하는 데 도움을 준다.
- 시각적 효과 : 건물이 일정한 거리를 유지하면 도시 또는 지역의 시각적 효과를 향상할 수 있다.

케빈 아빠가 매입 후에 건물을 지은 2에이커의 땅에서 경험한 Setback을 살펴보자. Setback의 크기 및 형태는 지역의 건축 규정 및 조건에 따라 다를 수 있으며 일반적으로 주택, 상업용 건물, 산업용 건물 등 다양한 용도의 건축물에 대해 다른 규정이 적용된다. 따라서 건축 프로젝트를 계획할 때 지역 규정 및 조건을 준수하는 것이 중요하다.

애리조나 피닉스시에서 10m의 공공도로와 접한 내 토지의 Setback

거리는 25피트(762cm)이었다. 상가를 지을 토지가 사거리 코너에 자리 잡고 있을 때는 도로와 맞물리는 양방향 모두 Setback의 적용을 받는다. 이는 전체 토지의 규모에 비하여 상당히 큰 비율에 속하지만, 시 정부에서 정하고 토목 담당과에서 정확하게 요구하고 확인하는 과정이므로 어쩔 수가 없었다. 이 Setback으로 인하여 2에이커(약 2,448평)에 이르는 토

애리조나 피닉스에 땅을 매입한 후 건설자금대출을 받아 직접 지은 건물.
대로로부터 25피트 뒤로 (Setback) 들어가 있다.

지에 지을 수 있었던 건물 크기는 불과 2만 4,000스퀘어피트(약 672평)에
불과하였다.

또한 이 Setback 밑 지하에는 대형 지하저장 수조탱크를 자비로 매몰
하여야 했다. 이는 애리조나의 여름 몬순 기간 갑자기 내린 엄청난 빗물
을 하수구가 감당하지 못할 경우를 대비한 것으로, 각자의 상가 지하에
묻힌 대형수조가 분담하여 빗물을 저장하였다가 나중에 천천히 내보내
는 역할을 하게 되어 있다. 서울 강남구에서도 상습적인 수몰 현상이 생
기는데, 이러한 방법을 적용하여 보는 것도 한 방법일 수 있겠다.

제6장

토지에
투자하기

빈 땅에 투자하기

땅에 투자하기는 참으로 어려운 일이다. 보유하는 동안 임대수익이 발생하지 않고 장기적인 투자 관점에서 인내를 가지고 투자하여야 하기 때문이다. 또한 땅에 대한 분석을 잘해야 할 뿐만 아니라, 조닝과 입지 여건에 따라 정말 많은 땅이 존재하므로 잘 구별할 수도 있어야 한다. 위치 또한 시내에 있는 것과 아닌 것이 다르다. 시내에서 두어 시간 정도 떨어져 있는 교외지만 앞으로 개발을 염두에 두고 저렴한 가격에 미리 선점하여 투자하기도 하니 말이다. 예전에는 가까운 교외에 고물상이나 목재소 또는 벽돌 공장, 레미콘 공장 등을 운영하다가 도시가 점차 팽창하면서, 땅을 매각하고 다시 조금 더 떨어진 교외로 이주하여 큰 수익을 올리는 것을 자주 보아 왔다.

한국에서는 나대지라고 하는 빈 땅에 투자하기는 잠재적으로 큰 이익을 얻을 기회일 수 있다. 그런 만큼 조심스럽게 접근해야 하고 고려해야 할 사항들도 많다. 다음은 빈 땅에 투자할 때 중요하게 볼 고려사항과 유의사항이다.

• 주변환경 조사 : 빈 땅의 위치와 주변환경을 신중하게 조사해야 한

다. 인프라, 교통, 학군, 상업시설, 의료시설 등의 주변 요소가 향후 투자가치에 영향을 미칠 수 있다.

- 지역법규와 규제 : 땅 구매 전에 해당 지역의 부동산 법규와 규제를 반드시 확인해야 한다. 지역마다 소소하게 다를 수 있으니 꼼꼼히 점검해야 한다. 토지용도, 건축규제, 환경규제 등은 놓치지 말고 고려해야 한다.

- 토지의 용도 : 토지의 용도를 확인하고, 투자 목적에 맞는 용도로 사용할 수 있는지 확인하여야 한다. 상업용, 주거용, 농지 등 다양한 용도가 있을 수 있다.

- 토지가치 평가 : 빈 땅의 현재 및 장래 가치를 정확하게 평가해야 한다. 이를 위해 부동산 전문가나 감정사의 도움을 받는 것이 좋다.

- 투자 목적과 전략 : 토지 투자의 목적을 명확히 하고, 투자 전략을 세우는 것이 좋다. 토지개발, 장기투자, 분양 등 여러 전략 중 어떤 것을 택할 것인지 결정해야 한다.

- 잠재적 리스크 : 빈 땅에 투자할 때 발생할 수 있는 리스크를 이해하고 대비해야 한다. 잠재적 리스크에는 시장가격이 크게 변동한다거나, 환경문제로 개발을 할 수 없다거나, 개발허가를 거부당하는 등 여러 가지가 있을 수 있다.

- 세금과 비용 : 토지 소유와 개발에 따른 세금 및 비용을 이해하고 예산을 설정해야 한다. 개발 허가나 건축에 들어가는 비용들은 물론 소유와 함께 시작되는 세금 문제들도 생각해 봐야 한다. 빈 땅은 나중에 매도할 때 1031 교환이 안 될 수도 있으니, 전문가에게 문의해 가능한 지역과 방법은 없는지 확인해 보자.

- 전문가와 상담 : 부동산 중개인, 변호사, 세무사, 건축가, 감정사 등

의 전문가와 협력하고 상담을 받는 것을 어려워하거나 꺼리지 말아야 한다. 전문가를 통해 얻을 수 있는 정보는 비용 이상의 역할을 하니 꼭 필요한 과정임을 명심하자.

미국 토지의 두 가지 유형

토지는 크게 두 가지 유형이 있다. 'Incorporated 토지'와 'Unincorporated 토지'로 지리적 행정구역과 관련이 있다. 이 두 용어의 차이점은 다음과 같다.

Incorporated 토지(법인화된 토지)

'Incorporated'는 특정 지역이 독립적인 법인 또는 시(도시)로 구성되었음을 나타낸다. 주요 도시 또는 마을의 법인화를 의미하며, 독립적인 정부 및 서비스 시설을 갖추고 있다. 법인화된 토지는 지방 정부나 도시 관할 구역으로서, 특별한 정부 규칙 및 규제가 적용된다. 이러한 지역에 속한 땅은 주로 도시 또는 지방 정부에 의해 조성된 도로나 상하수도 및 전기 공급, 폐기물 처리, 경찰이나 소방서 등 공공 서비스를 받을 수 있다. 따라서 도시 또는 지방 정부의 법률 및 규정에 따라 개발과 사용이 제한될 수 있으며, 공공 서비스 비용과 부과 세금이 높을 수 있다.

Unincorporated 토지(미법인화된 토지)

'Unincorporated'는 법인 또는 도시의 법적 구성 없이 남아 있는 지역을 나타낸다. 이 지역은 주로 지방정부 또는 카운티(군)의 관할에 속하며, 독립된 도시 또는 마을로 구성되지 않은 상태다. 일반적으로 인구가 적고 도시의 법률 및 규정이 적용되지 않는 경우가 많다. Unincorporated 토지는 일반적으로 주택, 농지, 상업 지역 또는 자연보호 구역과 같은 다양한 용도로 사용된다. 이러한 지역 토지에서는 도시의 서비스를 받지 못할 수 있으며, 대신 카운티 관할에 있는 서비스 및 인프라를 사용해야 한다. 예를 들어, 경찰 서비스는 카운티 보안관(sheriff) 부서에서 제공될 수 있으며, 상하수도 처리는 개별적으로 해결해야 할 수도 있다.

땅을 매입할 때 법인화된 토지와 미법인화된 토지에 대한 이해는 토지 사용 목적, 부과 세금, 규제, 서비스 제공 등과 관련된 중요한 요소이다. 땅을 구매하려는 목적과 관련된 법률 및 규정을 이해하고, 토지의 위치와 특성을 고려하여 어떤 유형의 토지를 선택할지 신중하게 고려해야 한다.

적극적으로 변화를 모색하자! – 카사 그란데 이야기

28년 전 애리조나 남부 도시 투산(Tucson)에서 사업을 하는 케빈 아빠의 처남을 방문하고 돌아오는 길이었다. 고속도로 바로 옆에 "LAND FOR SALE" 간판이 보였다. 그곳은 '카사 그란데(Casa Grande, 대저택이라는 스페인어)'라는 도시로 피닉스에서는 남쪽으로 1시간 거리에 있었다.

캘리포니아 산타 모니카(Santa Monica) 해변에서 시작하여 LA를 가로지르고, 애리조나 피닉스를 지나 텍사스까지 가는 연방고속도로 I-10번과 샌디에이고에서 출발한 I-8 고속도로가 국경도시 유마(Yuma)를 거쳐 바로 I-10번을 만나게 되면서 종점이 되는, 바로 그 교차점이었다. 두 연방고속도로가 만나는 아주 희소성 있는 위치로, 앞으로 개발의 여지가 커 보여 잠재성이 눈에 보였다. 많은 공장과 물류센터들이 어우러진 큰 도시가 상상되었다. 케빈 아빠 부부는 그 비전을 같이 보았고, 50에이커 (약 6만 1,200평)의 그 땅을 큰 액수의 현금으로 덥석 매입하고 말았다.

그러나 미국의 모든 공장은 차츰 중국으로 넘어가게 되었고, 25년이 흐르도록 공장이 건설되지 않으니 물류도 필요 없게 되었다. 누구 하나 관심이 없을 때 케빈 아빠는 변화를 모색하였다. 그때까지 'Unincorporated'였던 그 토지를 'Incorporated'하면서, 인근에 있는 두 도시에 'Annexation(합병)'을 신청하였다. 마침 그 토지는 카사 그란데(Casa Grande)와 일로이(Eloy)라는 두 도시에 양쪽으로 시 경계가 맞물려 있었다. 두 도시는 서로 더 좋은 조건을 내게 제시하면서 자기네 도시에 병합하기를 원하였다. 그중 모든 서류의 진행과정과 병합 뒤 따라올 '조닝 변경' 까지 약속한 일로이시(City of Eloy)를 선택하여 진행하였다. 그러던 중 전기차의 시대가 도래하였고, '럭셔리 전기차'로 슬로건을 내건 '루시드 자동차'가 테슬라의 대항마로 나서면서, 케빈 아빠의 바로 그 땅 옆에 대형공장을 짓기 시작하였다. 드디어 공장이 들어오니, 여러 하청업체와 물류업체들의 문의가 계속 들어왔고, 마침내 매매계약서에 서명하였다.
그러나 이 계약의 특이점은 따로 있다. 일반적으로 90~120일 정도 소요되는 에스크로 기간(The Term of Escrow)을 바이어의 강한 요청으로

450일로 계약하였다는 점이다. 또한, 보통의 경우 토지를 팔았을 때 수익성 상업용 부동산이 아니므로 '1031 Exchange' 조항 혜택에 포함되지 않는다. 그러나 케빈 아빠의 토지는 옆에 있는 RV Park에서 일부 사용하면서 임대료를 납부하였고, 적은 돈이었지만 이를 성실히 세금 보고하였으므로 '1031 Exchange' 조항에 해당하였다. 양도소득세만 100만 달러가 훨씬 넘는데, 이를 절약할 수 있으니 큰 혜택이 아닐 수 없다.

한편, 매매계약서에 서명하고, 계약을 취소할 수 없는 일정기간이 지나고 나니 여러 부동산에서 더 좋은 조건으로 매입 의사를 타진해 왔다. 특히 한국의 전기배터리와 관련된 회사의 매입 타진이 적극적이었는데, 얼마간의 이익을 더 얻고자 기존의 계약을 파기할 수는 없었다. 케빈 아빠는 다행히 긴 에스크로 동안 충분한 사전조사로 다음 투자처를 찾을 수 있었고, 이 자금으로 캘리포니아에 대형 쇼핑센터를 매입할 수 있었다.

'하얀석유', 리튬을 찾아서 – Salton Sea Lake

원소 주기율표상 기호 3번에 해당되는 리튬(Li)에 대한 관심이 뜨겁다. 미래 에너지와 모빌리티 산업의 핵심으로 떠오르는 '하얀석유'로 불리는 전기차 배터리의 주원료인 리튬의 자원 확보를 둘러싼 글로벌 전쟁이 이미 수면 위에서 진행되고 있다. 최근 전기차 수요가 주춤하면서 리튬 가격이 하락세로 전환하기도 했지만, 업계에서는 앞으로 적어도 30~50년간 장기적으로 리튬 수요가 견고할 것으로 전망하기 때문이다. 전통 광산업체, 배터리기업, 완성차 기업뿐 아니라 석유 메이저까지 리튬 확보에 뛰어들고 있다. 또, 현재 세계 리튬 가공의 70% 이상을 장악

한 중국의 '리튬 무기화' 가능성에 대비하기 위해 미국 정부는 북미, 인도 지역 등에서 리튬 탐사를 활발히 하고 있으며 지역 매장량을 발표하고 있다. 또한 포스코, LG화학, 에코프로 등 한국계 회사들도 세계 각지에 리튬 자원을 확보하기위하여 분주히 움직이고 있다.

미국 에너지부가 2023년 11월 28일에 발표한 보고서에 따르면 캘리포니아 솔턴호(Salton Sea) 아래 매장된 리튬 양은 1,800만 톤으로, 전기차 3억 8,500만 대에 탑재할 배터리를 생산하기에 충분한 양이라고 발표하였다. 이 매장량은 미국의 가장 큰 리튬 공급원인 네바다주의 태커 패스(Thacker Pass)의 추정 매장량을 넘어선 규모다. 참고로 세계 최대 리튬 매장지로 알려진 볼리비아 염호는 2,100만 톤이 매장되어 있다고 한다. 솔턴호의 4km 땅속 깊은 층에서 뽑아 올린 지하수 용액(Brine)에는 높은 농도(리터당 211mg)의 리튬을 함유하고 있어 리튬 채굴의 잠재적인 원천으로 주목받고 있다. LA에서 서남쪽 3시간 거리에 있는 솔턴호는 은퇴자의 휴양도시로 유명한 팜 스프링스(Palm Springs)에서 남쪽으로 45분 거리에 있으며 이스라엘의 사해와 같은 호수이지만 명칭은 바다(Sea)로 불린다. 개빈 뉴섬 캘리포니아 주지사는 2023년 3월 이곳에 방문하여 솔턴 호수 인근을 리튬 밸리로 선언하고 연방정부와 가주정부 차원에서 리튬 채굴 기업을 육성, 후원하고 지속 가능하게 지역개발과 발전을 추구하겠다고 발표하였다. 아울러 리튬채굴 회사로부터 들어오는 세금 수익은 전액 솔턴 호수 인근 개발(80%)과 환경보존 및 자연보호(20%)에 사용하겠다고 약속하였다. 이에 케빈 아빠는 발빠르게 솔턴 호수에 방문하여 리튬을 채굴할 수 있는 300에이커의 땅과 채굴 및 광업권을 함께 매입하기로 하고 협상을 진행하였다.

그런데, 이 솔턴호에 우리 한국기업이 직접 투자하기에는 몇 가지 어려움이 있다. 첫째로 솔턴 호수 인근은 거의 대부분이 자연보호지구로 묶여 있거나 정부 소유의 땅으로서 개발할 수 있는 지역을 찾기가 극히 어렵다는 것이다. 또한 리튬 추출에는 많은 양의 물이 필요한데, 이미 물 오염 및 수위가 현저히 하락한데다 수많은 철새들의 도래지로 유명한 솔턴 호수의 지역 특성상, 리튬 채굴은 환경문제를 악화시킬 수 있다. 이러한 우려사항을 지역사회와 소통하여 먼저 해결해야 하기에 개발과 채굴까지는 험난한 여정이 이어질 것으로 보이므로 신중을 기해야 하겠다. 그러나 이를 극복하고 개발을 진행할, 리튬 채굴의 특별한 신기술(IRA)을 보유한 한국 기업의 연락을 기다리고 있다. 참고로 솔턴호 인근에서는 콜로라도 하류의 지류를 끌어와서 수박, 토마토, 오렌지, 야자대추 등의 농사를 짓는다. 따라서 물이 부족한 솔턴 호수의 리튬채굴은 페루나 아르헨티나와는 달리 염수를 폰드에서 자연증발법으로 하여 농축 리튬을 채굴하는 방법을 금지하고 있다.

미국 네바다주의 태커패스(Thacker Pass)에 있는 리튬 아메리카스가 소유한 리튬 광산은 화학제를 추가하거나 지하에서 뽑아 올린 용액을 기존의 자연건조방식으로 리튬을 추출하고 있어서 여러 가지 환경 문제로 논란이 되고 있는데, 솔턴 지역에서는 리튬직접추출방식(DLE/Direct Lithium Extraction System)을 추구하고 있어 기존 방식보다 획기적으로 적은 전력과 화학제, 물을 사용한다는 계획으로 세계에서 가장 친환경적 라튬추출을 목표로 하고 있다. 현재 이 방식으로 리튬을 추출하는 대표 기업은 Evove이며, Ion-Exchange 기술을 개발한 한국기업에서 솔턴호에 선제적으로 진출한다면 국외 리튬 원자재 확보에 큰 진전이 있을 것으로 보인다. 솔턴호 인근에는 워렌 버핏이 주도하고 있는 BHE(Berkshire Hatha-way Energy), Energy Source, 그리고 호주 에너지 기업인 CTES(Controlled Thermal Energy Source) 등 세 기업이 리튬 개발을 하고 있다.

솔턴호의 리튬채굴은 여러 가지 장점을 가지고 있다. 솔턴호 지하의 엄청난 규모의 지하수 용액은 지하의 마그마로 뜨겁게 달구어진 7,000℃의 용액이다. 먼저 뜨거운 용액을 끌어올려 이를 전력 생산(Geo-thermal Plant)에 활용하는 것이고, 기존의 시스템은 전력생산 후에 그 용액을 자연으로 그대로 돌려보냈으나, 앞으로는 그 용액을 여러 추출하는 과정을 거치게 된다. 이 용액 중 가장 많은 비율을 차지하는 클로라이드를 추출하여 액체 또는 고체 형태(수영장용)의 블리치(Bleach)로 판매할 수 있다. 두 번째로 많은 함유량은 나트륨인데, 추출하여 소금으로 만들어

솔턴호에 접해 있는 리튬을 채굴할 수 있는 300여 에이커의 대지(1/2 평방 마일)

판매할 수 있다. 이는 식용이 아니며 이를 펠릿 덩어리로 만들어 가정용 연수기의 브라인(brine) 기계에 넣는 소금으로 판매한다. 이런 것들이 추가 소득원이 되며, 이러한 여러 미네랄 자원들(Mineral Materials)을 추출하고 난 후의 물은 이미 깨끗해져 농작물 재배에도 사용할 수가 있다. 즉 솔턴호의 오염을 감소시킬 수가 있는 것이다.

Table 1: Typical Geothermal Brine Compositions in the Imperial Valley					
Dissolved solids (mg/L)	Salton Sea	Westmorland	Brawley	Heber	East Mesa
Lithium (Li)	211.00	48.00	100.00	9.50	6.30
Sodium (Na)	52,000.00	10,000.00	22,000.00	4,200.00	2,600.00
Potassium (K)	14,000.00	1,400.00	3,800.00	260.00	190.00
Magnesium (Mg)	160.00	188.00	34.00	5.40	3.40
Calcium (Ca$_2$+)	24,000.00	690.00	8,100.00	880.00	130.00
Strontium (Sr)	500.00	-	340.00	53.00	38.00
Barium (Ba)	433.00	-	363.00	3.80	2.20
Arsenic (As)	11.00	-	2.60	0.10	0.16
Boron (B)	350.00	63.00	140.00	14.00	5.40
Copper (Cu)	4.00	0.07	0.11	0.53	0.03
Iron (Fe)	2,300.00	0.30	65.00	22.00	2.20
Manganese (Mn)	1,200.00	2.80	190.00	2.70	0.42
Nickel (Ni)	4.00	-	-	0.03	-
Lead (Pb)	100.00	3.80	1.10	1.90	0.09
Zinc (Zn)	660.00	0.04	14.00	0.83	0.07
Chloride (Cl)	145,000.00	18,000.00	46,000.00	7,900.00	3,900.00
Sulfate (SO$_4$)	84.00	57.00	-	99.00	155.00
Bicarbonate (HCO$_3$)	140.00	2,900.00	49.00	27.00	490.00
Fluoride (F)	9.00	2.24	-	1.60	2.00

솔턴호 염수용액(Brine) 성분 분석표

Controlled Thermal Energy Source

Berkshire Hathaway Energy

Annexation을
고려하라

앞서 케빈 아빠가 경험한 Annexation(합병)에 대하여 알아보자. 땅을 매입할 때 또는 매입하고 난 후 자산가치를 올리고 싶다면, 중요하게 고려해야 할 것 중 하나가 Annexation이다. 이는 특히 미국처럼 시와 카운티 등 다양한 지방정부 단위로 나뉘어 있는 나라에서 중요한 역할을 한다. Unincorporated의 토지를 매입하여 본인이 Annexation 과정을 직접 진행한다면, 그 토지의 가치를 많이 상승시킬 수 있다. 다음은 인근 County(카운티)와 City(도시)와의 Annexation 관계에 대해 살펴보자.

Annexation이란?

Annexation은 특정 지역이 더 큰 지방정부 단위에 편입되는 절차를 가리킨다. 이는 보통 도시가 주변 지역을 확장하거나 추가 토지를 흡수할 때 발생한다. 이로써 새로운 토지와 지역주민은 해당 도시의 법률, 서비스, 세금 체계 등에 포함된다.

① County와의 관계

대부분 County는 도시보다 더 큰 지방정부 단위로, 여러 도시와 미개발 지역을 관할한다. 땅을 매입할 때, 해당 땅이 이미 특정 County에 속해 있는지 확인하는 것이 중요하다. 그 이유는 토지의 위치에 따라서 토지사용 규제, 세금, 교육, 안전, 건축허가 등 다양한 측면에서 County의 관할권에 따라 달라질 수 있기 때문이다.

② City와의 관계

땅이 어떤 도시와 인접해 있는지도 고려해야 한다. 만약 땅이 이미 특정 도시에 속해 있다면, 해당 도시의 법률과 규제에 따라 지속적인 요구사항과 제한 항이 적용될 것이다. 도시는 토지 사용용도, 건축허가, 폐수처리, 도로 접근성 등을 관리하고 규제할 수 있다.

③ Annexation 가능성

만약 땅이 어떤 도시에도 속해 있지 않다면, 해당 지역은 일반적으로 County의 관할 아래에 있을 것이다. 그러나 땅 소유자 또는 인근 도시가 관심이 있다면, Annexation을 요청하고 협상할 수 있다. 이 프로세스는 관련된 법과 절차를 준수해야 한다.

땅을 매입할 때 인근 County와 City의 관계를 이해하고 Annexation에 관한 가능성과 영향을 고려하는 것이 중요하다. 이는 향후 토지 사용 및 개발 계획을 결정하고 투자를 계획하는 데 도움이 될 것이다. 또한 이러한 결정은 지역 커뮤니티와의 관계에도 영향을 미칠 수 있으므로 신중한 검토가 필요하다.

실패를 통해 배우는 토지 투자

30년 전에 그동안 딱 한 번 거래를 중개해 준 적이 있는 미국인 친구 피터에게서 연락이 왔다. 피닉스에서 북쪽으로 약 1시간 반 거리에 있는 '프레스콧(Prescott)'이라는 곳에 50에이커의 토지가 싼 가격에 매물로 나왔는데, 관심이 있느냐는 것이었다. 요즈음엔 지적(Parcel) 번호만 있으면 카운티 웹사이트에 들어가서 얼마든지 기본 조사를 하여 볼 수 있지만, 그 당시에는 중개인이 가지고 오는 서류를 들고 직접 현장답사를 해야 했다. 프레스콧은 애리조나가 미국의 정식 주로 승인되기 이전인 1867년부터 1877년까지 주의 임시수도였던 역사적인 도시이다. 높은 산 위쪽에 위치하여 피닉스와는 달리 사계절이 있는 피닉스의 별장 도시이기도 하다. 현장에서 둘러본 땅은 최상은 아니었지만 좋아 보였다. 유명한 스톤릿지 골프장(Stone Ridge Golf Course) 바로 뒤에 있었으며, 경사도도 완만해 보였고 멀리 그랜드캐니언 쪽으로 플래그스태프(Flagstaff)에 있는 애거시피크(Agassiz Peak) 정상도 보였다. 무엇보다도 주변에 고급별장들이 즐비하게 있어서 은퇴할 즈음에 부동산 가치도 많이 오르면, 가까운 지인들과 은퇴 마을을 만들어도 될성싶었다. 물론 그마저도 너무 먼 일 같아서 크게 욕심은 없었다.

남의 집 가정부로 일하던 매도자는 땅의 이전 주인이던 이모님이 갑자기 돌아가시면서 유산으로 물려받았는데, 임신으로 하던 일도 그만두게 되는 상황에서 상속세를 내라는 독촉을 받고 있다는 것이었다. 크게 매력이 있는 땅도 아니었고, 무엇보다도 규모가 너무 컸다. 생각해 보겠노라고 한 후 집에 와서 아내와 의논하였는데, 아내는 매도자의 사정도

딱하고 하니 가능하면 우리가 사자고 하였다. 아내는 임신한 사람의 딱한 사정을 듣고 동병상련을 느끼고 꼭 도와주고 싶은 마음이 들었던 것 같다.

결론적으로 그 땅은 아직 처분도 못 하고 개발도 못 하는 실정이다. 50에이커(2만 평)가 넘는 큰 땅을 단돈 100만 달러에 내놓아도 사는 사람이 없다. 첫째로, 이 땅은 별장지에 있다 보니 조닝이 '2 Acres Minimum Lot(2에이커 최소부지)'이다. 2에이커에 집을 한 채만 지을 수 있는 것이다. 그러다 보니 길을 내고 나면 주택은 불과 20여 채밖에 지을 수 없기에, 큰 땅을 살 수 있는 개발업자에게는 그다지 매력적이지 않은 것이었다. 둘째로 이 땅은 'Unincorporated Land'이었다. 처음에 살 때는 이 땅이 그런 땅인 줄도 몰랐고, 그 의미도 몰랐었다.

Unincorporated Land는 그 땅의 경계나 소속이 법인화 되지 못한 것이라는 뜻으로 프레스콧 밸리시(Prescott Valley City)가 아닌 야바파이 카운티(Yavapai County)에 속한 것이었다. 당시에는 정확한 의미를 몰랐다. 단지 이곳은 시에서 물을 공급하여 주지 않으니, 파이프로 구멍을 뚫어 자체 펌프를 설치하고 하수도도 자체 시스템(Septic System)을 설치하면 된다는 정도였다. 동네에 있는 모든 별장이 그렇게 한다는 것이었다. '아, 뭐 시골이니까 그렇겠지' 하고 쉽게 받아들였다. 그러나 나중에 이 땅 바로 옆에 시에서 지은 200만 갤런(gallon)의 물탱크가 완공된 후, 시에 문의하여 본 결과 우리 땅에는 그 물을 공급하여 줄 수가 없다는 것이었다. 아무리 가까운 거리에 있어도 Unincorporated Land는 시에서 제공하는 물, 하수, 전기 서비스를 제공받을 수 없다. 물론 땅을 살 때 GPM(Gallon Per Minute) 조사보고서를 제출받았는데, 어느 정도의 숫자여야 하는지 몰랐었고 문제없다는 말만 들었다. GPM은 땅에 자체 펌프를 설치하였을 때 1분당 몇 갤런의 물이 나오는지를 측정한 수치이다. 이것은 개인의 주택을 건축할 때는 문제되지 않을 수 있지만, 단지(Community Village)를 조성할 때는 큰 제약이 될 수도 있는 것이다. 이 글을 쓰고 있는 동안 부동산 관계자들로부터 이 땅의 매도에 관하여 계속 문의가 들어오고 있다. 참으로 이상한 일이 아닐 수 없다. 곧 매도가 되려나 보다.

애리조나, 프레스콧 밸리에 있는 50에이커의 Unincorporated 땅

물 공급!
GPM 이란?

GPM은 로버트 기요사키의 《부자 아빠 가난한 아빠》에서 언급한 투자 성공사례 중에 나오는 단어이다. 땅을 매입할 때 GPM(Gallon Per Minute)은 물 공급과 관련된 중요한 요소이다. 이 GPM 수치는 땅에 있는 우물, 샘물, 혹은 다른 지하수원으로부터 물을 얼마나 많이 얻을 수 있는지를 나타낸다. 물은 주거용, 상업용, 농업용 등 다양한 용도로 필요하므로, 땅을 개발하려는 목적에 따라 정부에서 요구하는 기본 GPM 수치가 다를 수 있다.

① **주거용 땅**

주거용 땅의 경우, 일반적으로 낮은 GPM 수치로도 충분할 수 있다. 주거용으로는 가정용 물 공급을 위해 약 5~10GPM 정도가 필요하다. 이 정도면 일상생활용으로 충분한 양이다. 따라서 주거용 땅의 경우에는 비교적 낮은 GPM 수치의 땅을 매입할 수 있다.

② **상업용 땅**

상업용 땅은 높은 GPM 수치가 필요할 수 있다. 예를 들어 호텔, 레스토랑, 공장 등의 비즈니스 용도로 사용되는 땅은 물 수요도 크기 때문에 높은 GPM 수치가 필요한 것이다. 이 경우에는 땅의

GPM 수치가 약 20GPM 이상 더 높아야 할 수 있다.

③ 농업용 땅

농업용 땅은 물 공급이 매우 중요하다. 작물을 재배하거나 가축을 기르기 위해서는 풍부한 물 공급이 가장 중요하기 때문이다. 따라서 농업용 땅의 경우 높은 GPM 수치가 필요하다. 일반적으로 50GPM 이상의 높은 수치가 필요할 수 있으며, 때로는 높은 수치의 우물 또는 관정 시스템이 필요할 수 있다.

로버트 기요사키의 첫 번째 투자는 애리조나 투산(Tucson)에 위치한 레몬산 위에 있는 목장이었다. 당시 그는 케빈 아빠가 살고 있는 애리조나의 스코츠데일(Scottsdale)에 살고 있었는데, 주말에 식구들과 레몬산에 있는 렌탈 하우스에 놀러 갔다가 매물로 내놓은 그 집을 보게 되었다. 그 집은 GPM이 부족하여 항상 물 부족으로 곤란함을 겪고 있었기에 오랫동안 매물로 내놓았으나 팔리지 않았고, 이 사실을 알게 된 기요사키는 더욱 싼 가격에 그 집을 매입할 수 있었다. 그는 왜 문제 있는 집을 매입하였을까? 그는 아주 간단하지만 아무도 생각하지 못했던 방법으로 불과 6개월 만에 다시 두 배를 받고 매도할 수 있었다. 그는 기막힌 아이디어를 내어 지붕에 100갤런 규모의 물탱크를 올려서 밤 동안에는 물을 계속 퍼 올리고 낮에는 마음껏 사용할 수가 있었다. 이 목장 집으로 자신감을 얻게 된 기요사키는 이후로 부동산 투자에 적극적으로 뛰어들게 되었다.

도전과 모험의
토지 투자

태양광 발전 단지에 투자하다

애리조나 피닉스시에서 서쪽 캘리포니아 방향으로 I-10 고속도로를 따라 약 1시간 정도 떨어진 곳에 '토노파(Tonopah)'라는 곳이 있다. 이 광활한 땅은 아마도 미국에서 태양광 발전소(Solar Power Plant)를 설치하기에는 최적의 장소일 것이다. 애리조나의 연평균 강수일수는 불과 30일로, 구름도 별로 없고 강렬한 태양이 작열하는 '태양의 주'이다.

케빈 아빠는 개인이 설치하기에는 비교적 어려웠던 초기에 회사 사옥 옥상에 태양광 발전 시스템을 설치하였고, 설치 회사로부터 태양광 발전의 미래와 연방 정부의 투자 계획을 듣게 되었다. 그래서 미국에서는 최고의 적임지라고 볼 수 있는 토노파의 땅을 매입하기로 하였다. 당시 투자자 대부분은 주택단지가 개발될 반대쪽에 투자할 무렵이었다. 나중에 그 지역은 대도시가 들어섰다. 케빈 아빠가 매입한 규모는 320에이커, 평지로 4만 평이었고 전기를 송출할 고압 송전탑과 고속도로가 지나는 곳으로 태양광 발전 단지 조성으로는 최적의 장소였다. 그러나 빈 땅은 대출이 쉽지 않아서 모두 현금으로 매입하였는데, 케빈 아빠에게는 정말 큰 모험이었다. 320에이커는 1평방마일(640에이커)의 반이 되는 규모이다.

당시 2015년에 파리기후변화협약이 있었다. 이 협약은 세계적으로 기온 상승을 2℃ 이하로 제한하고, 최대한 1.5℃까지 낮추는 데 목표를 두는 것이었다. 여기에 참석한 오바마 대통령이 이 협약에 동참한다고 서명하였고, 미국에 돌아와서는 2025년까지 천연 재생 에너지(Natural Resource Energy) 생산을 전체 에너지 생산량의 25%까지 확대하겠다는 구체적인 내용을 발표하였다. 그리고 미국 내에 천연 재생 에너지 중 가장 큰 부분을 차지하고 있는 태양광 발전 시스템에 연방기금을 편성하겠다고 약속하였다. 이제 기회가 왔다. 펀드 조성을 위하여 대규모 태양광 단지 토지(Solar Site)를 소유하고 발전소 건설을 원하는 토지 소유자들에게 기회가 왔다. 사전지원서를 제출하면 무이자의 연방 펀드를 검토하겠다고 하였다. 규모가 수억 달러에 이르는 초대형 프로젝트였다. 케빈 아빠도 솔라 회사의 도움으로 자료를 만들어 제출하고 기다리는 중이었다.

그러나 2011년 애리조나 주지사로 당선된 공화당 출신 잰 브루어 주지사는 민주당 출신 오바마 대통령이 추진 중인 새로운 이민법 제정으로 인하여 대통령과 갈등이 심화하고 있었고, 마침 재선을 하고 애리조나를 처음으로 방문한 오바마 대통령이 대통령 전용기(Air Force One) 트랩에서 내려오자마자 손가락질하며 심한 언쟁을 벌였다. 이는 미 전역으로 생중계가 되었고, 백악관으로 돌아간 오바마 대통령은 심한 모욕감을 느낀 나머지, 애리조나로 배정된 태양광 발전 연방기금을 모두 친 민주계인 캘리포니아로 돌려버렸다. 또한 나중에 후임으로 취임한 공화당 트럼프 대통령마저도 세계 기후변화 단체에서 일방적으로 탈퇴하여 버렸다. 대규모 투자를 하고 기다리고 있던 케빈 아빠는 아연실색할 수밖에 없었지만, 정부의 시책 변화이니 어쩔 수 없이 무작정 다시 기다리고만 있다. 또 언젠가는 기다리던 때가 올 것이다. 상대적으로 텍사스주는 그 당시부터 태양광 발전 시설을 주도적으로 늘렸고, 지금은 RE100(기업이 사용하는 전력 100%를 재생에너지로 충당하겠다고 약속하는 글로벌 캠페인)으로 제작한 부품으로만 납품을 받는 회사들이 아마존과 애플을 비롯하여 늘어나고 있다. 이로 인하여 미리 준비를 착실히 해온 텍사스주가 새롭게 떠오르는 투자처로 주목받고 있다.

제7장

부동산
매매 실전

부동산 매입 실전

부동산 중개인에게 연락하고 OM 요청하기

매입하고 싶은 좋은 부동산 매물을 찾았다면, 매물 에이전트에게 전화를 걸거나 이메일을 보내서 OM(Owner's Manual)을 요청하여 대략적인 정보를 받는 것이 중요하다. 보통의 경우 이메일 주소를 요청하며, 이메일로 자세한 정보를 브로슈어나 패키지로 보내줄 것이다. OM은 부동산 중개와 관련된 용어 중 하나로 다양한 의미가 있다. 그러나 가장 일반적으로는 'Owner's Manual'의 약어로 사용된다. 부동산 중개에서 OM은 주택이나 상업용 부동산을 판매하거나 임대할 때 사용되는 문서나 보고서를 가리킨다. 부동산 OM은 일반적으로 다음과 같은 정보를 포함할 수 있다.

① **부동산 개요**: 부동산의 주요 특징 및 특징에 대한 정보
② **부동산 사진**: 부동산의 사진과 그림을 포함하여 시각적 정보 제공
③ **부동산 역사**: 부동산의 과거 소유자, 건설연도, 개조내역 등에 대한 정보
④ **부동산 크기와 레이아웃**: 부동산의 총면적, 방의 수, 욕실의 수,

주방 및 다른 공간의 레이아웃 설명

⑤ **부동산 가격 및 조건** : 부동산의 판매가격 또는 임대가격과 관련 조건(예: 보증금, 임대기간)에 대한 정보

⑥ **지역 정보** : 부동산이 위치한 지역의 교통, 학군, 쇼핑, 레스토랑 등과 관련된 정보

⑦ **부동산의 잠재적 가치** : 부동산의 투자가치나 임대수익에 대한 추정

⑧ **부동산 문제 또는 결함** : 부동산의 결함, 수리 또는 유지 · 보수가 필요한 사항에 관한 내용

이러한 정보는 부동산 구매자나 임차인에게 부동산에 대한 이해를 돕고, 결정을 내리는 데 도움을 준다. 따라서 부동산 중개에서 OM은

이메일로 받은 OM의 일부

중요한 문서 중 하나로 간주하며, 부동산 거래과정에서 중요한 역할을 한다.

부동산 투자성 분석하기

OM을 받았다면 이 OM을 근거로 현장을 방문하여 건물의 위치, 방향, 노출성(사거리, 대로변 등), 수익성(Cap Rate), 건물의 상태와 노후도, 수리의 필요성, 개발 계획, 발전성, 환금성, 임대된 사업체들의 면면 등 부동산 투자성을 자세히 분석하여 투자의 가부를 결정하여야 한다. 만일 건물에 써브웨이(Subway)나 스타벅스(Starbucks) 같은 유명한 프랜차이즈 (National Franchise)가 입점하여 있다면, 건물가치가 10~20% 이상 상승하는 요인이 될 수 있다. 임대계약서 및 기타 서류 '분석'은 이때는 불가능하며, 추후 에스크로(Escrow)를 오픈한 후 '성실 의무/검토기간(Due Diligence)'에 검토할 수 있다. 성실 의무기간은 쌍방의 합의(Mutual Agreement)로 계약서에 명기되며, 이 기간에 부동산의 모든 것을 조사할 수 있다. 이때 자료를 매도자에게 요청하면 매도자는 이를 제공하여야 할 의무가 있다. 또한 이 성실 의무/검토기간 동안 금융기관에 대출 신청과 심사를 마무리하여 융자의 사전 승인(Pre-Approve)을 받아 놓아야 한다.

구매의향서(LOI) 작성하여 보내기

부동산의 투자 여부를 긍정적으로 결정하였다면 바이어(Buyer)의 부동산 중개인을 통하여 LOI(Letter of Intent/구매의향서)를 받게 된다. LOI는 부동산 거래의 협상 단계에서 정식계약 체결 이전에 당사자의 의도나 목적, 합의 요구사항 등을 확인하기 위하여 문서로 작성하는 당사자 간 예비적 합의의 일종이며 법적인 구속력은 없다. 사업상 계약에서 합의양해 각서인MOU(Memorandum of Understanding)와 비슷한 성격이라 볼 수 있겠다. LOI를 보내고 받으면서 서로의 이견을 조율해 가면 된다.

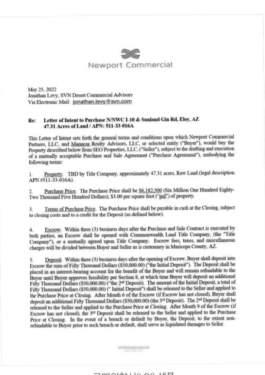

구매의향서(LOI) 샘플

계약서 작성하기

주택이나 상업용 부동산의 매매계약서, 임대차 계약서 등 부동산 관련 계약서의 내용은 사용 목적에 따라 누가 어떻게 만들어 사용하느냐에 따라 모두 다르다. 실제로 상업용 부동산의 계약은 각자 고유의 양식으로 사용하는 예가 많아서 그 내용과 분량이 천차만별이다. 그러나 각 주(State)마다 부동산협회에 소속된 중개인들은 협회에서 제공하는 표준양식을 많이 사용한다. 따라서 적어도 그들 간에는 계약서의 형식과 내용에 큰 차이가 없다. 부동산 매입계약서를 작성할 때는 다음과 같은 항목들을 포함해야 한다. 이 계약서는 법률적인 의무와 책임을 나타내므로 정확하게 작성해야 한다. 부동산 거래에 관련된 법률이나 규정은 주에 따라 다를 수 있으므로, 각 지역의 법률 전문가나 부동산 변호사와 협의하는 것이 중요하다.

다음은 일반적인 부동산 매입계약서의 항목들이다.

- 계약 당사자 정보 : 판매자 정보(이름, 주소, 연락처), 구매자 정보(이름, 주소, 연락처)와 만약 중개인을 통해 거래한다면 중개인 정보가 포함된다.
- 부동산 정보 : 부동산 주소와 명칭, 부동산의 법적 설명과 지적 번호(Parcel Number), 대지면적 등이 있다.
- 구매가격 정보 : 구매대금의 지급 방법과 일정 등이 있으며, 구매대금의 환불조건이 명시되기도 한다. 해당 사항이 있는 경우, 부동산에 대한 보증 및 보상사항이 포함된다.
- 마감일 및 이행 조건 : 부동산의 이전(전송)일 또는 판매 완료 날짜를 명시한다. 구매자의 대출승인 같은 계약 성립 조건과 보증금 및 중개인 수수료 지급 일정도 포함된다.
- 검토기간(The Term of Due Diligence/Contingency Period) : 구매자가 부동산을 검토(Inspection)하고 거래를 취소할 수 있는 기간(선택사

항)이며, 판매자는 이 기간 동안 매수자가 요구하는 환경평가서 등의 법적인 서류들과 매입자가 요구하는 기타 서류들을 제출할 의무가 있다. 또한 이 기간에 필요한 서류들을 은행에 제출하여 융자에 대한 사전승인(Pre-Approve)을 받아 놓는 것 또한 중요하다.

- 부동산 상태 및 인수 : 부동산 상태에 대한 설명(Legal Description)과 부동산 인수 일자와 절차가 명시된다.
- 보증 및 보상 조항 : 부동산과 관련된 보증 및 보상 사항이 있을 수 있다. 예를 들면 숨겨진 결함에 대한 책임을 명시할 수 있다.
- 판매조건과 보완조항 : 가전제품 포함과 같은 기타 판매조건을 명시하며, 추가적으로 구매자의 권리와 의무 같은 선택사항을 명시할 수 있다.
- 중요 조항 및 서명 : 거래취소 조건 및 일반 조항, 계약 당사자의 서명과 날짜가 들어간다.
- 증인 이름과 서명 : 증인이 필요한 경우 별도 표시할 수 있다.
- 유효기간 : 계약의 유효기간과 종료 조건을 포함한다.

기타 면책 조항, 특별 조항, 중재 조항, 계약 파기 및 위반 조항, 계약금 환불 조항, 그리고 기타 고지 내용들을 포함한다.

계약 이행에 필요한 기타 선행 서류들은 에스크로 회사에서 매도자 또는 기관에 요청하여 직접 확인하는 과정을 거치며 바이어에게도 보내어 확인할 수 있도록 한다. 물론 계약서를 작성하기 전에 법률 전문가의 조언을 듣는 것이 중요하다. 각 부분의 구체적인 내용과 어떻게 작성해야 하는지에 대한 지침을 얻을 수 있다. 또한, 부동산 거래에 관한 특별한 규정이 투자지역에서 적용되는지 확인해야 한다.

미국 부동산 거래의 중심, 에스크로(Escrow)

부동산 에스크로(Escrow)는 미국 부동산 거래과정에서 사용되는 중립적인 제3자 계정이다. 에스크로는 구매자와 판매자 간의 거래에서 자금 및 문서를 안전하게 보관하고 관리하는 역할을 한다. 아래는 부동산 에스크로의 주요 기능과 작동방식에 대한 개요이다. 이 에스크로 제도는 미국의 서부 여러 주에서 의무적으로 이용되고 있으며, 일부 미국 동부에서는 이 역할을 부동산 전문 변호사가 대신할 수도 있다.

- 자금 보관 : 에스크로는 구매자가 구매가격을 지급하고 판매자에게 이전하기 전에 돈을 안전하게 보관한다. 이로써 구매자와 판매자 모두 거래자금의 안전성을 확보할 수 있다.
- 문서 처리 : 에스크로는 부동산 거래와 관련된 모든 문서와 계약을 관리하고 처리한다. 이에는 매매계약서, 소유권 이전 문서, 금융문서 등이 포함된다.
- 조건충족 확인 : 에스크로는 거래조건이 충족되었는지 확인하고, 양측이 거래조건을 준수하도록 돕는다. 예를 들어, 판매자가 필요한 수리 및 유지·보수를 마치고, 구매자가 금융조건을 충족하는 등의 작업을 확인한다.

- 자산 이전 : 에스크로는 모든 조건이 충족되면 자금 및 문서를 적절한 시점에 각 당사자에게 이전한다. 이 단계에서 부동산 소유권도 이전된다.
- 클로징 : 거래가 완료되면 에스크로는 거래의 클로징을 처리하고 종료한다. 이 과정에서 모든 관련 당사자에게 문서를 제공하고 필요한 기록을 관리한다. 에스크로의 클로징 서류는 본 부동산을 매입 및 매도할 시 해당연도의 세금 보고를 할 때 꼭 필요하므로 반드시 보관하여야 한다.

에스크로는 미국 부동산 거래의 안전성과 투명성을 증가시키는 중요한 역할을 한다.거래당사자들이 에스크로를 통해 거래과정을 효과적으로 관리하고 부정한 행위나 사기를 방지할 수도 있다. 미국 외에도 많은 국가에서는 부동산 거래에 에스크로 시스템을 널리 사용하고 있다.

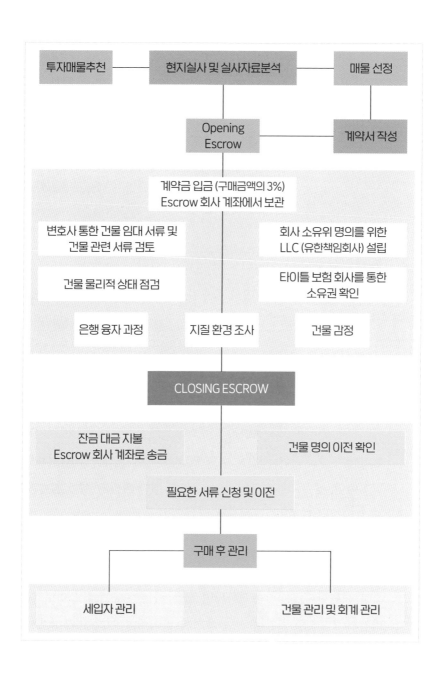

투자매물추천 — 현지실사 및 실사자료분석 — 매물 선정

Opening Escrow — 계약서 작성

계약금 입금 (구매금액의 3%)
Escrow 회사 계좌에서 보관

변호사 통한 건물 임대 서류 및
건물 관련 서류 검토

회사 소유위 명의를 위한
LLC (유한책임회사) 설립

건물 물리적 상태 점검

타이틀 보험 회사를 통한
소유권 확인

은행 융자 과정

지질 환경 조사

건물 감정

CLOSING ESCROW

잔금 대금 지불
Escrow 회사 계좌로 송금

건물 명의 이전 확인

필요한 서류 신청 및 이전

구매 후 관리

세입자 관리

건물 관리 및 회계 관리

에스크로를 이용한 부동산 투자과정

계약의 단계

계약의 성사 단계

집을 찾다가 마음에 드는 집이 나오면, 바이어는 집을 보여준 셀러 측 에이전트의 도움을 받아 오퍼(Offer: 가격, 기간 등의 조건제안서)를 작성한다.

오퍼에 포함되는 요건 중에 중요한 9가지를 살펴보자.

① **에스크로 기간**(Escrow Period) : 에스크로를 끝내기 위해 바이어가 셀러에게 요구하는 기간으로 보통 30일 안팎이다. 상가는 90일 정도이며, 땅은 120~180일 또는 개발조건에 따라 바이어가 더 길게 요구할 수도 있다.

② **계약금**(Initial Deposit) : 계약금은 일반적으로 집 가격의 3% 정도이다. 계약 이행기간에 에스크로라는 제3의 기관에서 공탁 형식으로 보관한다. 계약이 성사되면 집을 사는 비용으로 쓰이며, 컨틴전시(계약조건) 기간이 끝난 후까지 바이어가 거래를 끝내지 못하면 돌려받지 못할 수도 있다. 기간 안에 계약취소를 통보하여야 계약금을 돌려받을 수 있다.

③ **융자 조건**(Financing Terms) : 바이어가 어떤 조건에 융자를 한다는 것을 관례적으로 셀러에게 알려 주게 되어 있다. 미국에서 융자를 끼고 집을 사는 경우는 전체의 약 80% 이상이다.

④ **계약성사조건**(Contingency, 컨틴전시) : 컨틴전시는 특정한 조건이

상가 매수 시 '인스펙션 보고서'

성립되어야 집을 산다는 조건부의 조항이다. 컨틴전시가 유효한 기간에는 바이어는 정당하게 계약을 파기하고 계약금을 돌려받을 수 있다. 예를 들어, 만약 인스펙션 컨틴전시(Inspection Contingency)를 14일로 명시하고 계약을 시작했다면, 바이어는 14일 안에 그 집의 상태 등을 점검해 보고, 문제가 있을 때는 정당하게 계약을 파기하고 계약금을 돌려받을 수 있다.

상업용 부동산이나 땅 매매 시에는 성실 의무/검토 기간(The Term Due Diligence)이라고 하여, 그 기간 안에 바이어는 필요한 모든 조사를 마쳐야 한다. 기간이 부족할 때는 성실 의무 기간이 끝나기 전에 셀러에게 기간 연장을 요청하고, 받아들여지지 않는다면 계약취소를 통보하여야 계약금을 상환받을 수 있다.

⑤ **컨틴전시의 종류** : 계약을 충족시키기 위한 여러 가지 조건들이며, 매도(현재 가지고 있는 집을 팔아야 하는) 조건, 1031 Exchange 조건, 융자 컨틴전시, 감정 컨틴전시, 인스펙션 컨틴전시 등이 있다.

⑥ **매매 비용 부담**(Closing Cost Allocation) **:** 주택 매매에 들어가는 각
종 비용을 셀러와 바이어 중 누가 부담할 것인가를 정하는 것이
며, 일반적으로 웬만한 것들은 셀러가 부담하는 것이 관례이다.

⑦ **각종 3자 기관**(Third Party) **설정 :** 에스크로(Escrow) 회사나 소유권
보험 회사(Title 회사) 등은 주택 매매에서 부동산과 융자회사와 함
께 가장 중요한 업무를 주관하는데, 어떤 회사에 일을 의뢰할지는
일반적으로 셀러에게 선택권이 있다.

⑧ **협상 :** 오퍼를 받은 셀러는 리스팅 에이전트를 통해서 구매가격
등의 내용을 변경한 '카운터 오퍼(Counter-Offer)'를 바이어에게 보
낸다. 보통 한두 번의 카운터 오퍼를 주고받은 후에 모든 사항에
합의가 이루어지면, 계약이 성립(Acceptance of Offer)된다.

⑨ **에스크로의 업무 시작 :** 쌍방이 합의된 최종 계약서가 에스크로
회사에 전달되면 에스크로의 업무가 시작된다. 계약금은 바이어
가 3일 안에 에스크로 회사에 전달하게 되어 있다. 에스크로 회사
는 수일 안에 Escrow Instruction과 그 외 관련 서류들을 만들어 셀
러와 바이어에게 전달하고 서명을 받는다.

계약의 이행 단계

성립된 계약을 이행하기 위해서는 여러 기관이 함께 일한다. 그 중
핵심적인 역할을 맡는 기관 중의 하나가 에스크로(Escrow) 회사이다. 셀
러와 바이어를 대표해서 중립적인 입장으로 계약 이행을 돕는 과정을
'에스크로'라고 부른다. 남가주와 애리조나에서는 전통적으로 '에스크로
회사'들이 이 에스크로 업무를 맡아서 한다. 지역에 따라 동부에서는 에

스크로 업무를 변호사가 하는 곳도 있고, 타이틀 회사(Title Company, 소유권 보험 회사) 등이 하는 곳도 있다. 에스크로가 중요하기는 하지만, 모든 일이 에스크로를 통해서만 이루어지는 것은 아니다. 부동산 에이전트, 타이틀 회사, 융자기관 등의 기관이 각각의 업무를 수행한다. 에스크로 회사는 모든 서류진행의 총괄업무를 맡아서 진행하며 부동산, 타이틀, 융자업무가 원활하게 이루어질 수 있도록 돕는 역할을 한다. 따라서 에스크로가 많은 일에 관여하고 있는 것처럼 보여도 에스크로 자체는 아무런 결정권이 없다.

계약의 종료 단계

① **셀러의 디스클로저(Disclosure)**

셀러는 계약 성사 후 보통 1~2주 안에 TDS(Transfer Disclosure Statement), NHD(Natural Hazard Disclosure), Association Document 등을 비롯한 각종 디스클로저 서류와 '에스토팔(Estoppel)' 서류들을 바이어에게 전달해야 한다. 디스클로저는 셀러가 자기 집에 대한 여러 가지 정보들을 바이어에게 알려 주는 제도화된 절차이다. 셀러가 바이어에게 알려 주어야 할 내용은 꽤 많다. 그래서 전문지식이 있는 부동산 에이전트의 도움이 꼭 필요한 작업이다. 일반적으로 디스클로저에 들어가는 내용에는 지붕 자재, 전기·상하수도·난방, 자연재해로 인한 파손, 소유권·사건, 소음 등이 있다.

② **바이어의 인스펙션(Inspection)**

바이어는 계약서에 정해진 기간 보통 1~2주 안에 그 집에 관한 모든 것을 조사(Inspection)해 볼 수 있는 권리가 있다. 보통 주택 인스펙터(Home Inspector)를 고용해 조사한다. 바이어는 인스펙션 결과에 근거해 셀러에게 직접 수리 또는 일정 액수의 크레딧을 요청할 수 있다. 여기에서 셀러가 쉽게 받아들이지 않는다면 분쟁이 일어나기 쉽고, 사소한 문제로 계약이 파기되는 경우도 종종 있다.

③ 주택 소유권 보험(Preliminary Title Report)

타이틀 회사(Title Company/소유권 보험회사)의 역할이다. 타이틀 회사는 그 부동산의 법적인 소유권과 기타 모든 것을 조사해서 '타이틀예비보고서(Preliminary Title Report)'라는 것을 셀러와 바이어에게 전달한다. 이 보고서에는 소유주 이름, 주소 등의 기본적인 정보와 함께, 각종 담보권과 부동산에 대한 문제점(lien-monetary, legal and physical) 등의 내용들이 들어 있다. 이 보고서를 바탕으로 타이틀 회사는 셀러의 모든 빚(Monetary Liens)을 다 정리한 후, 깨끗한 소유권(Free and Clear Title)을 바이어에게 전달하는 역할을 한다. 미국에서는 타이틀 회사에 대한 믿음 때문에 집을 안심하고 살 수 있다.

④ Financial : 융자(Loan Processing)

은행을 상대로 직접 받을 수도 있고 융자 브로커의 도움을 받기도 한다. 빠르면 2주 안에도 융자가 나오지만, 보통 넉넉히 3~6주 정도를 잡는다. 보통 20% 안팎의 다운페이를 하는 편이며, 다운페이먼트를 많이 할수록 더 좋은 조건에 융자를 받을 수 있다. 에스크로가 끝나기 며칠 전 바이어는 융자 서류(Loan Document)에 서명과 공증을 한다. 그 후 보통 2~3일 안에 은행에서 융자금액을 에스크로 회사로 송금(Funding)한다.

계약의 완성, 최종 단계

셀러가 돈을 받고 바이어가 집의 소유권을 넘겨받으면 계약이 종료되는데, 보통 '에스크로를 클로즈한다'라고 한다. 에스크로가 끝나기 4~7일 전에 바이어는 보통 에스크로 회사에 가서(부부 공동명의이면 같이 간다) 최종 융자서류인 론닥(Loan Document)에 서명한다. 융자서류에 서명하기 직전에, 바이어는 집을 사는 데 필요한 남은 잔금(Downpayment + Closing Cost - 계약금)을 에스크로에 전달해 주어야 한다. 보통 론닥 서명 시에 수표나 은행에서 발급한 캐시어스 체크(Cashier's Check)를 가지고 간다. 바이어의 매매비용(인스펙션, 타이틀 회사 수수료, 보험, 기타 계산된 재산세 등)은 부동산 가격의 1.5~3% 정도 된다.

바이어가 서명한 론닥(융자서류)이 은행에 전달되고, 은행에서는 마지막으로 모든 융자조건을 확인한 후 보통 2~3일 안에 펀딩(Funding)을 한다. 펀딩은 은행에서 바이어에게 융자금을 송금하는 융자의 마지막 단계이다. 은행은 타이틀 회사로 융자금을 송금하며, 일반적으로는 에스크로 회사와 타이틀 회사가 동일하기도 하다. 타이틀은 셀러가 집을 담보로 가지고 있는 모든 빚을 갚은 후 남은 돈을 에스크로 회사로 보내준다. 에스크로는 이렇게 받은 돈에서 추가로 셀러의 매매비용(부동산 수수료와 그 외 클로징 비용 1.5~3%)을 제한 남은 돈을 셀러에게 전달한다.

바이어가 융자 서류에 서명할 때 셀러는 Grant Deed(그랜트 디드, 미국의 양도문서, 일종의 집문서)를 공증한다. 이렇게 공증된 Grant Deed는 펀딩이 되자마자 그날이나 그다음 날 County Recorder에 등기(Recording) 기록된다. 이렇게 등기가 되는 순간 정식으로 소유권 이전이 이루어지는 것이다. 바이어는 보통 하루나 이틀 안에 셀러에게서 집 열쇠를 전달받는다. 마지막으로 에스크로 회사는 계약이행 기간 중 쓰인 모든 매매 비용을 정리한 매매 비용 정산표(Closing Statement)를 셀러와 바이어에게 전달한다.

에스크로 결산보고서(Closing Statement)는 나중에 소득세와 양도세 보고 시 필요하니 반드시 보관하고 있어야 한다.

부동산 매도 실전

04

부동산을 매수하는 것도 중요하지만, 매도하는 것도 중요하다. 대략적인 출구 전략은 매입할 때부터 세워 두어야 한다. 언제 어떻게 팔아야 손해를 보지 않고 최대의 이익을 실현할 수 있을까 하는 고민은 모든 투자자의 공통 관심사일 것이다. 미국에서는 매도의 방법도 중요하지만, 매도시 납부하여야 하는 세금도 중요하다. 그 모든 과정을 한번 알아보자.

리스팅 계약

부동산을 팔기 위하여 시장에 "For Sale"로 내놓을 때 셀러의 대부분은 부동산 에이전트에게 독점판매권(Exclusive Right to Sell)으로 리스팅 계약을 하면서 주택 판매를 시작하게 된다. 부동산 에이전트를 거치지 않고 셀러가 직접 "For Sale By Owner" 매매를 할 수도 있으나, 부동산 에이전트에게 맡기면, 많은 부분에서 전문가의 서비스를 제공하여 받을 수 있다.

이것을 셀러가 에이전트에게 '리스팅(Listing)을 준다'라고 표현한다. 그렇게 독점판매권을 받아 집을 파는 셀러 측 에이전트를 리스팅 에이전트(Listing Agent)라고 한다. 독점판매권은 셀러와 에이전트가 보통 리스팅 계약서를 작성함으로써 이루어진다.

리스팅 계약서의 주요 목적은 다음의 3가지를 동의, 결정하는 것이다.

- 리스팅 기간(Listing Period) : 에이전트에게 주어지는 독점판매권의 기간이다. 리스팅 기간은 보통 짧으면 3개월에서 길면 1년까지 받는다.
- 리스팅 가격(Listing Price) : 시중에 내놓을 집 가격이다. 보통 구체적인 가격을 제시하지만, 어느 정도 액수의 권역 대를 정하여 리스팅 계약을 하고 마케팅을 하는 경우도 있다.
- 리스팅 수수료(Listing Commission) : 셀러가 에이전트에게 바이어를 찾아냈을 때 주기로 하는 수수료이다. 일반적인 주택 부동산 수수료는 주택 가격의 6%이고, 집값이 높은 지역에선 평균 5% 안팎이지만 셀러와 바이어 양쪽 에이전트가 서로 나누어야 한다. 한국에 비하면 아주 높지만, 수행하는 업무가 훨씬 더 많은 편이다.

주택의 마케팅과 MLS

MLS(Multiple Listing System)는 주 정부 부동산 면허를 소지한 전문 부동산 에이전트들이 자신이 받은 리스팅을 올려놓는 포괄적인 매물 정보를 공유하는 웹 데이터베이스 시스템이다. 리스팅 에이전트는 셀러의 특별 요청이 없는 한 의무적으로 MLS에 리스팅을 올려놓게 되어 있다. 따라서 시장에 나와 있는 거의 모든 리스팅 매물에 대한 정보는 MLS에서 찾을 수 있다.

그리고 나면 Zillow, Redfin 등의 각종 주택 검색 사이트에서 MLS에 있는 정보를 가져간다. 이후로는 부동산 에이전트와 바이어 모두가 공개 마케팅되는 주택매물 정보를 공유한다고 볼 수 있다. 간혹 부동산의 열기가 뜨거울 때는 에이전트들이 MLS에 올리지 않고 다른 경로를 통해 마케팅되는 집들도 있다.

매도 시 챙겨야 할 서류

부동산을 팔 때는 챙겨야 할 서류들이 많다. 타이틀 보고서나 인스펙션 등 에스크로 회사나 타이틀 회사에서 안내하는 데로 챙기면 된다. 그 외 알아두면 좋을 서류 몇 가지를 살펴보자.

- 주택보험증서 : '주택보험(Home Owner's Insurance)'은 주택 소유주라면 누구나 가입해야 하는 보험이다. 모기지대출을 통해 집을 구입한 경우 의무적으로 가입해야 하고 대출 없이 현금으로 구매하더라도 반드시 가입하는 것이 좋다. 화재 등 사고로 인한 주택 피해시 보상을 받을 수 있고 각종 결함 발생 시에도 유용하게 활용된다. 집이 팔릴 때까지 주택보험 계약이 유효한지 보험증서를 통해 확인하도록 한다. 바이어 측에서 보험증서 제공을 요구하는 경우도 있고 에스크로 기간 셀러가 의무적으로 보험증서를 제공하도록 규정하는 경우도 있다.
- HOA 서류 : 타운하우스나 콘도 등 공동주택 단지는 단지 관리를 책임지는 '주택소유주협회(HOA)'가 운영된다. 새로 개발되는 단독주택 단지도 일부 공동시설 관리를 위해 HOA를 둔 경우가 많다. HOA의 관리를 받는 주택 소유주는 HOA 규정을 따를 의무가 있

다. 따라서 집을 사는 바이어 측에서도 구매하려는 주택이 HOA의 관리를 받는다면 HOA 서류를 검토해 구입을 결정해야 한다. 일반적으로 주택구매 계약서에 에스크로 기간 중 셀러가 바이어 측에 HOA 서류를 전달해야 하는 조건이 포함된다.

- 수리 기록 : 집을 팔 때 바이어 측에 건물상태를 공개할 의무가 있다. 주택가치에 영향을 줄 수 있다고 판단되는 결함은 바이어 측에 서면으로 반드시 알려야 하는데 과거에 발생한 결함도 포함된다. 과거 결함내역 중 이미 수리가 끝난 항목이 있다면 관련 서류를 잘 챙겨 둬야 한다. 수리 기록과 함께 가전제품이나 주택설비 사용설명서, 제품보증서 등도 함께 챙기도록 한다. 주요 설비인 냉난방시설(HVAC), 워터히터, 오븐, 가스레인지 등은 새 제품 설치 후 제조업체로부터 일정 기간 제품 보증이 제공된다. 집을 팔 때 의무적으로 제공해야 하는 서류는 아니지만 집을 잘 관리했음을 보여주는 효과가 있다.

부동산 매도 시 유의할 점

미국의 양도소득세(Capital Gain Tax)

미국에서는 부동산을 매입할 때 취득세가 아예 없거나 미미하므로 매도할 때의 양도세는 다른 세금에 비하여 약간 높은 편이다. 그러나 외국인이 부동산을 매도할 때 적용되는 양도세율은 현지인과 똑같다.

1년이 안 되어서 팔면 단기양도소득(Short Term Capital Gain)으로 분류되어 **일반 소득**과 같은 세율이 적용된다. 반면 1년을 지나고 팔면 장기양도소득(Long-Term Capital Gain)로 분류되는데, 이때 세율이 조정된다. 싱글인 경우 '대략' 장기양도소득 4만 달러까지는 0%, 4~40만 달러까지는 15%, 그 이상은 20%의 세율이 적용된다. 부부인 경우는 장기양도소득 8만 달러까지는 0%, 8~50만 달러까지는 15%, 그 이상은 20%가 적용된다. 이 숫자들은 '대략'이라는 점을 다시 강조한다. 어차피 매년 인플레이션에 맞춰 조정되기 때문에 정확한 계산이 필요할 때마다 확인해야 한다.

1가구 1주택의 경우에는 비과세이다. 최근 5년 이내에 2년 이상 거주하면 개인은 25만 달러, 부부는 50만 달러까지 비과세 혜택을 받을 수 있다. 부부 중 한 명의 명의로만 등록되어 있어도 공동거주이면 50만 달러까지 혜택을 받을 수 있다.

감가상각 조정(Depreciation Recapture)

투자용 부동산은 보유기간 동안 감가상각으로 받은 세금혜택을 다시 조정(Recapture)하여야 한다. 감가상각은 25%의 세율이 적용된다. 만약 매각하는 부동산을 10년간 보유했고, 매년 1만 달러씩 감가상각해서 총액수가 10만 달러라면 부동산을 팔 때 다른 세금들과 함께 10만 달러 × 25%＝2만 5,000달러를 감가상각 조정(Depreciation Recapture)이라는 명목으로 내야 한다.

융자를 끼고 투자용 부동산을 사는 소규모 투자자들은 보유기간 동안 어차피 세금 낼 것도 많이 없고 감가상각이 큰 도움이 안 되는 경우들이 많다.

FIRPTA Withholding(부동산세에 대한 외국인 투자법)

부동산을 매도하면서 생기는 양도차익에 대한 세금인 양도세는 외국인이나 현지인이나 동일하지만 외국인에게만 적용되는 규정이 있다. 바로 FIRPTA(The Foreign Investment in Real Property Tax Act, 부동산세에 대한 외국인투자법)이다. FIRPTA에 근거해 외국인들은 부동산을 처분하면서, 양도소득세가 아닌 '매도가'의 15%를 에스크로 끝나고 20일 안에 IRS(미국 국세청)에 보내야 한다.

부동산 매매가가 100만 달러이면 양도소득과는 상관없이, 손실을 보고 팔 때도 15만 달러를 납부하여야 한다. 이 법의 취지는 외국인들이 양도소득세를 안 내고 출국해 버리는 경우를 대비하기 위한 것이다. 미리 납부한 15%가 납부해야 하는 양도소득세보다 많다면 나중에 세금 보고를 통해 돌려받으면 된다.

8288-B form Withholding Certificate(원천징수 증명서)

원천징수액이 양도소득세 최고액보다 훨씬 큰 경우는 이를 피하기 위하여 매매가격의 15% 또는 10%가 아닌 예상 양도소득세 최고금액을 Withholding Certificate(Form 8288-B)와 같이 내면 된다. IRS가 3개월 정도 내에 검토하고 통보를 해주는데 이를 근거로 에스크로가 최종 지급한다. 물론 다음 해에 정식 세금보고를 통해 환급 또는 추가 납부한다.

집값이 웬만큼 오르지 않고서야 거의 모든 경우에 Withholding Certificate을 신청할 수 있다. 만약 양도소득이 전혀 없다면 전액 돌려받게 된다. Withholding Certificate는 에스크로가 끝난 후에도 신청할 수 있다. 그럴 때는 에스크로가 IRS의 답변을 기다리지 못하고 무조건 총예납액수를 IRS로 바로 보내야 한다.

외국인의 증여·상속세(Foreigner's Estate Tax)

외국인의 증여/상속세(Gift/Estate Tax)에 관한 법규이다. 미국인들은 각 개인당 약 550만 달러까지 증여/상속세 없이 재산을 물려줄 수 있다. 부부는 합쳐서 약 1,100만 달러까지다. 2017년도 통과된 세법 개정안

(Tax Cuts and Jobs Act)에서는 2025년 말까지 한시적으로 이 액수를 두 배로 올렸다. 그리고 인플레이션에 맞춰 매년 한도가 올라갈 수 있다.

개인별 한도는 1,140만 달러이며, 부부는 2,280만 달러이다. 사실상 엄청난 갑부가 아닌 한 증여세와 상속세가 없는 나라라고 생각하면 된다. 그런데 IRS에서 외국인(US Non Resident Alien: NRA)으로 분류되면, 각 개인당 1,140만 달러의 면제 한도가 6만 달러로 줄어든다.

부동산과 관련된 세금 – 1031 Exchange

케빈 아빠는 세금 전문가나 CPA 가 아니다. 그러나 부동산 업무를 보면서 알게 된 부동산과 관련된 중요한 몇 가지 법에 대하여 같이 공유하였으면 한다. 전문적인 세무법이나 기타 법률에 관한 내용들은 꼭 세무사나 변호사에게 직접 문의하여 자문받기를 권한다. 부동산에서 꼭 알아야 할 세금과 관련된 내용이 있다면 단연코 '1031 Exchange'다.

미국이란 나라를 한마디로 정의하라고 한다면, 단연코 "합리적인 나라"라고 말하고 싶다. 그 이유 중 하나가 '1031 Exchange'라는 세금유예 정책이다. 이 정책으로 정부는 부동산 매매 자금이 다른 곳으로 흘러가지 않고 연속적으로 시장에 재투자되는 것을 유도하므로 부동산 시장의 안정을 유지할 수 있고, 납세자에게는 양도소득세를 100% 유예하여 줌으로써 줄어들지 않은 부동산 가치를 계속 유지하여 재투자할 수 있도록 보장하여 준다는 것이다. 다시 말해서 이 조항을 이용한다면 당분간은 부동산으로 얻은 이익을 단 1달러도 낼 필요가 없고, 그 세금으로 낼 현금자산은 내가 계속 다음 투자처에 사용할 수 있는 것이다.

일례로 10억 원의 부동산을 팔고 3억 원의 양도세를 납입하고 나면, 남은 7억 원으로 재투자해야 하겠지만, 이 제도를 활용한다면 10억 원을 모두 재투자할 수 있다. 거기에 더해 융자를 받는다면 30억 원 규모의 건물도 매수할 수 있는 것이다. 이런 이유로 미국의 부자들은 자산 대부분을 부동산에 투자한다. 이렇게 '1031 교환'은 미국 세법의 1031조 조항에 따라 부동산 및 비즈니스 자산의 판매 또는 교환에 관한 특별한 세제혜택을 제공하는 규정이다. 이 규정은 부동산, 비즈니스 부동산, 그리고 일부 다른 자산 클래스에 적용된다. 아래에서 1031 교환에 대한 상세한 설명을 함께 살펴보자.

❶ 1031 교환의 주요 목적

1031 교환은 부동산 또는 비즈니스 자산의 소유자가 자산을 판매하면서 동등하거나 더 큰 가치의 다른 부동산 또는 비즈니스 자산으로 교환할 때 발생하는 자본 이익에 대한 세금을 연기하고자 하는 목적을 가지고 있다.

❷ 세금 연기

1031 교환을 통해 자본양도소득세(투자소득세, Capital Gain Tax)를 연기할 수 있는 세금유예제도이다. 일반적으로 부동산 또는 비즈니스 자산을 판매하면 해당 자산에 대한 자본양도소득세를 내야 한다. 그러나 1031 교환을 실시하면 양도소득세를 연기할 수 있으며, 이후에 새로 교환한 자산을 판매할 때 자본이익세를 지급해야 한다.

❸ 연기 조건

1031 교환을 성공적으로 수행하려면 몇 가지 조건을 만족해야 한다. 가장 중요한 조건 중 하나는 교환된 자산의 가치가 동등하거나 큰 것이

어야 한다. 투자의 종류가 매도한 부동산 또는 동산과 같아야 할 필요는 없다. 또한 1031 교환이 이행되기 위해서는 다음과 같은 기간을 준수하여야 한다. 부동산을 판매한 날로부터 45일 이내에 재투자할 부동산을 명시하여야 한다. 이를 '명시기한'이라고 한다. 또한, 부동산을 판매한 날로부터 구매기한 내에 재투자할 부동산을 실제로 구매하여야 한다. 이 구매는 판매한 날로부터 180일 이내에 이루어져야 한다. 이를 '구매기한'이라고 한다.

❹ 중개인의 역할

1031 교환에는 중개인(1031 Exchange Accommodator)이 있다. 이 중개인은 자산 판매대금을 관리하고 교환 프로세스를 감독하는데, 이것은 자금 소유자가 자금을 직접 손에 넣지 않고 1031을 이행할 수 있게 해준다. 이 자금이 자금 소유주의 은행계좌로 흘러 들어갔거나 1달러라도 사용하였다면, 이 1031 교환의 효력은 사라지게 되므로 주의해야 한다. 그러나 부동산 매각 시 에스크로에서 계약에 의한 '제공조항'으로 일부 자금이 내 계좌로 이미 들어 왔다면, 그 부동산 매도 에스크로가 클로징되기 전까지 정확히 같은 액수를 에스크로 회사에 반환하면 된다. 부동산 매각 시에나 매입 시에 1031 교환에 연관되어 있다고 사전에 밝혀야 한다. 미국의 서부 주에서는 이 역할을 전문 변호사가 맡아서 한다.

❺ 적용 범위

1031 교환은 주택, 상업용 부동산, 농지, 산림지, 비즈니스 부동산, 배당권, 항공기, 그리고 기타 특정 자산 클래스에 대해 적용될 수 있다. 세금 보고에 투자용 부동산으로 보고되고 2주 이상 월세를 창출했던 부

동산에 해당한다. 투자용 부동산에 한해서만 활용할 수 있으니 본인 실거주하는 집이나 플리핑 하우스는 제외된다.

❻ 새로운 자산 투자

1031 교환을 통해 연기한 자본이익은 새로운 부동산 또는 비즈니스 자산으로 재투자할 수 있는데, 매각하고 재투자하는 부동산 또는 동산이 반드시 같은 종류가 아니어도 되며, 하나 이상이어도 무관하다. 이를 통해 자산 소유자는 자산 포트폴리오를 다양화하거나 투자전략을 조정할 수 있다.

❼ 장점

쉽게 설명하자면, 지금 내야 할 양도소득세를 다음 부동산 투자 건에 추가로 투자하고 그것을 매도할 때까지 유예받는 것이다. 다음 건으로 연속하여 계속 유예를 이어갈 수도 있다. 이 과정은 현금흐름을 극대화하는 과정이 되면서 자산의 포트폴리오까지 다양해질 수 있다. 지금 내야 할 세금을 납부하지 않고, 계속 투자하면서 활용할 수가 있다는 것에서 출발하는 장점이다.

❽ 조언 및 전문가의 역할

1031 교환은 복잡한 법률 및 세무 규정이 적용되기 때문에 전문가의 조언을 받는 것이 중요하다. 부동산 변호사, 회계사, 중개인 등의 전문가와 협력하여 올바른 절차를 따르도록 하자. 1031 교환을 담당하는 변호사나 중개인이 따로 있으므로 지정한 전문 변호사를 통하여 계좌를 미리 신설하여야 하며 이 계좌를 통하여 다음 투자를 진행하여야 한다.

1031 교환은 자산 소유자에게 세금 관련 혜택을 제공하는 중요한 도구 중 하나로, 자산관리 전략을 개선하고 세금 부담을 최소화하기 위해 활용되는 경우가 많다.

❾ 1031 Exchange의 핵심 포인트 – 상속세 면제

1031 Exchange 조항의 가장 빛나는 핵심 포인트는 상속세를 면제받을 수 있다는 것이다. 1031 교환으로 다음 부동산 투자로 이어져 갈 때, 상속 시 상속세는 납부하지 않고 인수하며, 나중에 피상속인이 매매할 시, 처음 상속인이 납부하지 않고 유예받았던 양도소득세와 상속 후 늘어난 Capital Gain Tax(양도소득세)만 납부하면 되는 것이다. 투자의 기회가 계속 이어지는 특징 덕에 미국의 부자들은 반드시 1031 Exchange를 이용한다.

상가 리스 계약하기

부동산 상가 리스(lease) 계약은 상가 공간을 소유하거나 운영하는 사람과 그 상가 공간을 빌리려는 사람 간에 맺는 계약이다. 상업용 부동산의 임대차계약서는 대체로 임대인에게 유리하게 작성되어 있으니, 전문가를 통해 확인하는 것이 좋다. 다음은 기본적으로 계약서에 명시하는 내용들이다.

❶ 임대기간(Lease Term)

계약이 시작되고 종료되는 날짜를 명시한다. 일반적으로 상가 리스 계약은 몇 년 동안 유효하며, 필요한 경우 재협상하여 연장될 수 있다.

❷ 임대료와 지급 조건(Rent)

임대료는 상가 공간을 사용하는 대가로 지급되며, 계약에 따라 월 또는 연 단위로 지급된다. 또한, 임대료 지급 날짜와 방법에 대한 조건도 계약에 포함된다.

❸ 보증금(Security Deposit)

보증금은 일반적으로 상가 주인에게 지급되며, 상가를 훼손하거나 임차인이 계약을 위반할 때 임대인의 손실을 보호하기 위해 사용된다. 보증금은 임대기간 종료 후 정상적으로 상가를 반환하면 환급될 수 있다. 미국의 경우 보통은 1~2개월 치 월세를 보증금으로 지급하므로 초기 투자의 부담이 덜하다.

❹ 임대 조건(Lease Condition)

계약은 상가를 어떻게 사용해야 하는지에 대한 규정을 포함한다. 예를 들어, 상가의 용도, 개조에 관한 규정, 업무시간, 공간 내에서의 광고 및 표지판 사용에 관한 규정 등이 포함될 수 있다.

❺ 임대인과 임차인의 책임(Liability)

계약은 임차인과 임대인 간의 책임과 의무를 명확히 해야 한다. 예를 들어, 유지 관리 및 수리 책임, 보험 요건, 세금 및 공과금 지급 책임 등이 포함된다. 미국에서는 일반적으로 상가의 경우 지붕과 주차장을 제외한 거의 모든 공간과 시설의 보수와 유지 책임이 임차인에게 있으므로 유의하여야 한다. 특히 에어컨의 경우 고장이 나서 새 유닛으로 교체하여야 하는 경우, 임차인이 전액 부담하여야 하므로 오래된 유닛은 계약 전에 새 유닛으로 교체하여 달라고 요청할 수도 있다.

❻ 계약 종료 및 해지 조건

계약이 어떻게 종료되는지, 사전통지 기간 및 어떤 조건 아래에서 계약이 해지될 수 있는지에 대한 규정이 포함된다.

부동산 상가 리스 계약은 임차인과 임대인 간의 합의에 따라 다양한 조건과 규정을 담을 수 있으며, 임차인과 임대인 모두 계약 내용을 준수해야 한다. 이러한 계약은 부동산 거래의 중요한 부분이며, 법적인 문제를 방지하고 관계를 명확하게 정의하는 데 도움이 된다. 이외에도 계약 조건은 다양할 수 있으며, 임대료, 임대료 인상률, 임대인과 임차인의 책임 및 의무, 임대인의 특별조건 및 부가적인 규정 등이 포함될 수 있다. 부동산 상가 리스 계약은 법적인 문서로 작성되며, 모든 조건은 양측이 합의한 내용을 정확하게 반영해야 한다. 따라서 계약을 체결하기 전에 모든 조건을 신중하게 검토하고 이해하는 것이 중요하다. 필요한 경우 법률자문을 받아 계약서를 작성하거나 검토하는 것이 좋다.

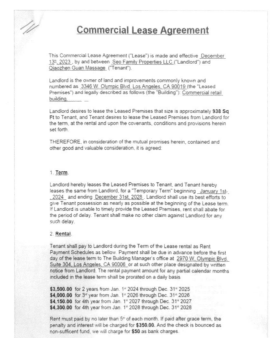

상가 임대계약서 샘플

리스 계약 항목
살펴보기

08

⭐ 일반적인 계약기간은 3년

부동산 상가 리스 계약의 일반적인 계약기간은 3년에서 10년 정도이다. 그러나 실제 계약기간은 임차인(상가를 빌리는 사람 또는 기업)과 임대인(부동산 소유주 또는 부동산 관리 회사) 간의 협상 결과에 따라 다를 수 있다. 어떤 경우에는 1년 또는 더 짧은 기간의 계약도 가능하며, 더 긴 기간의 계약도 얼마든지 가능하다.

가장 일반적인 상가의 계약기간은 3년이며, 임차인(tenant)이 더 길게 원하면 5년으로 계약을 체결하기도 한다. 그러나 일반적으로는 3년 계약에 3년 옵션을, 5년 계약일 경우 5년을 옵션으로 제공한다.

🔍 용어 #1 옵션(Option)이란?

부동산 상가 리스 계약에서 옵션은 특정 조건에서 임차인이 부동산을 미래에 어떻게 사용하거나 확장할 수 있는 권리를 나타낸다. 이러한 옵션은 일반적으로 미리 협의가 끝난 조건과 기간에 따라 임차인이 부동산을 추가로 임대하거나 다른 목적으로 사용할 수 있는 선택권을 부여한다. 일반적으로 부동산 상가 리스 계약에서 다음과 같은 종류의 옵션이 포함될 수 있다.

① **재임대 옵션(Renewal Option)**

이 옵션은 원래 계약기간이 끝난 후에 계약을 연장하거나 재임대
할 수 있는 권리를 임차인에게 부여하므로 이 옵션의 권리는 임대
인이 아닌 임차인의 결정에 달려 있다. 임차인이 한 공간에서 비
즈니스를 계속 운영하고자 할 때 유용할 수 있다.

② **확장 옵션(Extended Option)**

확장 옵션은 임차인이 현재 임대하는 부동산 옆 또는 인접한 공간
(Additional Space)을 임대하는 권리를 제공한다. 이것은 비즈니스가
성장할 때 추가 공간을 확보하는 데 도움이 될 수 있다.

③ **구매 옵션(Option to Purchase)**

일부 부동산 리스 계약에는 임차인이 부동산을 미래에 구매할 수
있는 옵션도 포함될 수 있다. 이를 통해 임차인은 임대를 유지하
면서 나중에 부동산을 소유할 수 있는 선택권을 가질 수 있다.

이러한 옵션들은 임차인과 임대인 간의 협상에 따라 다양한 형태로
구성될 수 있으며, 옵션의 유효기간, 가격조건, 권리행사 절차 등이 명
확하게 정의되어야 이후 분쟁이 발생할 때 원만하게 해결할 수 있다. 이
러한 옵션은 임차인에게는 유연성을 제공하고 비즈니스 계획을 조정하
는 데 도움이 되며, 임대인에게는 장기적인 임대계약을 보장할 수 있다.

용어 #2 TI(Tenant Improvement)란?

TI(Tenant Improvement)는 임차인이 임대한 상업용 또는 오피스 공간

을 개선, 수정 또는 리모델링하기 위해 부동산 소유자에게 요청하는 리모델링 공사 신청과 아울러 비용을 청구하는 용어이다. TI는 종종 임차인이 그 공간을 자신에게 더 적합하게 만들거나 자기 비즈니스 운영을 위한 변화를 이끌 때 따라오는 단어이다. 임차인이 장기임대 계약을 원하면 이 비용의 전액 또는 일부를 임대인에게 요청할 수 있다. TI를 신청하려면 먼저 부동산 소유자 또는 임대인과 협상해야 한다. 협상을 통해 변경할 사항과 예산을 결정하고, 작업 범위와 일정을 협의한다. 임차인은 보통 TI 작업을 위한 계약을 체결하고, 임대계약에 관련된 모든 법적 문서를 정리해야 한다. 건축 및 디자인 팀을 고용하여 실제 공사를 진행한다. 임대인 또는 건물주에게 TI 비용을 협상에 따라 일부 또는 전액을 청구할 수 있다.

TI는 절대로 공짜가 아니다. TI비용 청구 시 임대인(Landlord)은 전체 계약기간 동안 이 비용을 회복하기 위하여 추가로 월세를 상향하여 계약하려 할 것이므로, 어느 것이 더 유리한가를 잘 고민하여서 TI를 청구하여야 한다. 예를 들어 5년 리스를 계약하려는 임차인이 TI를 6만 달러 청구한다면, 임대인은 이를 5년(60개월)으로 나눈 액수보다 이자 비용과 기타 비용을 더 추가하여 월세를 상향하는 계약서를 준비한다.

6만 달러 / 60개월 = 월 1,000달러

그러므로 월세는 약 1,500달러를 추가로 상향하려 한다.

용어 #3 CAM 이란?

건물 리스에서 'CAM'은 'Common Area Maintenance'의 약어로, 한국어로는 '공동시설 유지·보수비' 또는 '공동시설 관리비'로 번역될 수 있다. 결국 건물의 공동영역을 유지하고 관리하기 위한 비용을 가리킨다. 주로 상업용 부동산 리스 계약에서 사용되며, 아래와 같은 내용을 포함할 수 있다.

- 청소 : 공용 화장실, 복도, 로비 등의 청소 및 유지·보수 비용을 포함한다.
- 경비원 비용 : 건물 출입구에서의 보안을 유지하기 위한 경비원의 비용을 포함한다.
- 난방 및 냉방 시스템 유지 보수 : 건물 내의 공용 난방 및 냉방 시스템을 유지 보수하는 비용을 포함할 수 있다. 독립 상가는 이에 해당하지 않는다.
- 조경 및 정원 관리(Landscaping) : 건물 주변의 조경과 정원을 유지하고 관리하는 비용을 포함한다.
- 주차장 관리 및 보수 유지 : 건물 주변의 주차장을 관리하고 유지·보수하는 비용을 포함할 수 있다.
- 건물의 지붕 관리 및 보수 유지
- 공용 시설수리 및 보수 : 공용 영역에 발생하는 수리 및 보수 비용을 포함한다.

건물 리스에서 CAM 비용은 임차인과 임대인 간의 협상에 따라 다를 수 있으며, 계약에 명시되어야 한다. 임차인은 이러한 비용을 추가로 지급해야 하며, 이를 통해 건물의 공용시설이 잘 유지되고 관리될 수 있다.

투자자들의 자금 유치 - 오퍼튜니티 존

오퍼튜니티 존(Opportunity Zone)은 미국 국무부가 제정한 투자 프로그램으로, 주로 경제적으로 어려운 지역의 개발과 경제 활성화를 촉진하기 위해 만들어졌다. 이 프로그램은 2017년 미국 연방 세제개혁 법안인 'Tax Cuts and Jobs Act'에 의해 도입되었다. 오퍼튜니티 존은 주로 소득세와 자산세 혜택을 제공하여 경제적으로 어려운 지역에 투자자들의 자금을 유치하고, 지역경제를 활성화하려는 목적을 가지고 있다.

❶ 오퍼튜니티 존의 지역 선정

오퍼튜니티 존은 미국 내 어려운 경제적 상황에 있는 지역을 대상으로 선택된다. 이러한 지역은 미국 내 모든 주에서 선정되며, 주로 저소득 지역이나 고용기회가 부족한 지역을 포함한다.

❷ 투자 유치

오퍼튜니티 존에서 투자한다면, 투자자들은 자신의 자본이득에 대한 세금혜택을 받을 수 있다. 이 혜택에는 자본이득세 감면, 자본이득 재투자를 위한 기간 연장, 그리고 장기보유세금 감면이 포함된다.

❸ 투자의 용도

오퍼튜니티 존에서는 투자된 자금을 다양한 목적으로 사용할 수 있다. 이러한 목적에는 부동산 개발, 신기술 스타트업 지원, 중소기업 자본 확보, 고용기회 제공 등이 포함된다.

❹ 장기보유 혜택

투자자들은 자본이득을 일정기간 유지하면 더 큰 혜택을 받을 수 있다. 예를 들어, 자본이득을 10년 이상 유지하면 해당 이득에 대한 세금을 면제받을 수 있다(Capital Gain Tax Free).

❺ 커뮤니티 경제발전

오퍼튜니티 존의 목적은 어려운 지역의 경제활성화와 개발을 촉진하는 것이며, 이를 통해 지역주민들에게 일자리와 경제 기회를 제공하고, 지역사회를 더욱 강화하는 것을 목표로 한다. 오퍼튜니티 존은 투자자와 어려운 지역 모두에게 혜택을 제공하는 프로그램으로, 정부의 경제발전 및 사회 향상을 위한 노력 중 하나이다. 그러나 이 프로그램은 세부 규정과 지역별 차이가 있으므로, 투자 전에 재정 전문가와 상담해 보아야 한다.

Designated Qualified Opportunity Zones

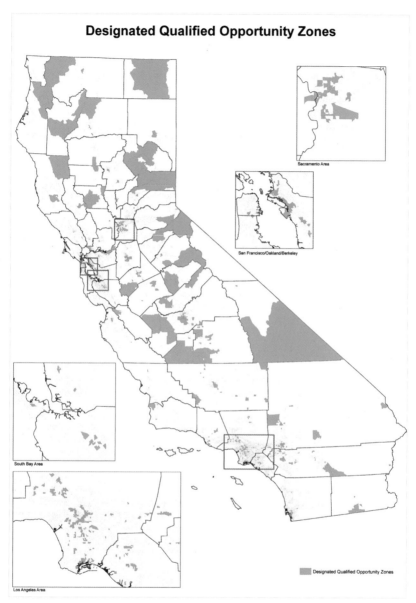

캘리포니아주 오퍼튜니티 존

부록

경제논리와
이자

연방준비제도(Fed)란

미국 국립은행 Bank Of USA는 없다

'갑자기 연방준비제도?' '부동산이란 관련 있나?' 지금 미국에서 부동산 자산가치 변동성에 관해 가장 강력한 영향력을 미치는 기관이므로 알아보고 가자.

연방준비제도(Federal Reserve System)는 미국의 중앙은행제도로, 미국의 통화정책을 관리하고 경제 안정을 유지하기 위해 역할을 수행하는 주요 기관 중 하나이다. 연방준비제도는 일반적으로 '연준' 또는 'Fed'라고 불린다. 미국의 경제와 금융 시스템에 큰 영향을 미치는 중요한 조직 중 하나이며, 미국 달러가 세계의 기축통화로 쓰이는 만큼, 그들의 역할과 결정은 미국 및 세계경제 전반에 강력한 영향을 미친다. 연방준비제도가 국립은행이라고 오해하지만, 사실은 JP모건 등 사립은행들이 지분을 100% 소유하고 있으며 연방 정부는 약간의 지분도 소유하고 있지 않다.

연방준비제도의 역할

- 통화정책 수행 : 연방준비제도의 가장 중요한 기능은 달러 발행과 연방 준비은행의 재할인율을 결정하는 것이다. 미국의 통화공급을 관리하고 통화정책을 시행하며, 이를 통해 물가안정성과 경제성장을 지원하려고 노력한다. 이러한 역할을 통해 금리조절과 양적 완화 등의 정책도구를 사용하여 경제의 건전성을 유지하고 금융위기에 대응한다.
- 은행 감독 : 연준은 미국의 은행 및 금융기관을 감독하고 그들의 안전성을 확인하는 역할을 수행한다. 이를 통해 금융시스템의 안전성을 유지하고 위험 요인을 모니터링한다.
- 금융 안정성 유지 : 연방준비제도는 금융시스템의 안정성을 유지하려는 노력을 기울이며, 금융 위기나 파산 시에 은행들을 지원하기 위해 대출 및 금융 지원을 제공할 수 있다.

연방준비제도 조직 구성

- 연방준비은행(Federal Reserve Banks) :
  미국 51개 주를 12개 연방준비구로 구분해서 지구마다 설치되었으며, 지역의 중앙은행 역할을 한다. 12개 연방준비은행을 총괄하는 역할을 하는 곳은 연방준비제도이사회이다.
- 연방준비제도이사회(FRB: Federal Reserve Board of Governors) :
  연방준비제도의 최고 의사결정기구이며 12개 지구 연방준비은행을 관리감독하고 의회에 보고하는 역할을 한다. 총 7명의 이사로 구성되며, 대통령이 지명하고 미국 상원이 승인한다. 이들 이사의 임기는 14년이다. 이 이사회는 연준의 주요 의사결정을 하며, 통화정책을 결정하고 은행 감독 및 금융안정성 관련 사항을 지도한다. 현재 FRB 의장은 제롬 파월이며, 그는 미국의 인플레이션이 여전히 높은 수준이라며, "정책 금리가 적정한지 확신이 들 때까지 긴축기조를 유지하겠다"라고 추가적인 이자율 인상을 추진하고 있다.

- 연방공개시장위원회(FOMC: Federal Open Market Committee) :
중앙은행 시스템의 핵심인 미국 통화정책이 만들어지는 곳으로 미국의 기준금리를 결정해서 발표한다. 6주마다 1번, 1년에 8번의 정례회의를 개최하는데, 여기서 기준금리에 관해 결정한다. FOMC는 연방준비제도이사회 의원 7명을 포함해 총 12명으로 구성된다.

중요한 정책이 발표되는 곳 - 잭슨홀 미팅

평소에 한 번 방문해 보고 싶었던 잭슨홀을 2년 전 우연히 방문하게 되어 소원을 이루었다. 이곳은 옐로스톤 인근이라기보다는 그랜드티턴 국립공원의 남쪽에 있는 마을로 뒤에는 큰 스키장을 끼고 높은 산이 있어서 여름에는 더위를 식히러 오는 관광객들을 산꼭대기까지 곤돌라가 부지런히 태워주고 있었다. 그저 평범한 시골마을이었으나 리조트 시설이 잘 설비되어 있어서 인상적이었다.

잭슨홀 미팅(Jackson Hole Meeting)은 미국 와이오밍주 북서부에 있는 국립공원 그랜드티턴 인근 휴양지인 잭슨홀(Jackson Hole)에서 매년 개최되는 중요한 경제정책 심포지엄이다. 미국 연방준비제도(Federal Reserve)와 전 세계 각국의 중앙은행 총재들을 초청하여 주로 경제정책, 통화정책, 금융시장 동향, 인플레이션, 고용 등과 관련된 중요한 주제들을 다룬다.

　가장 주목받는 부분 중 하나는 미국 연방준비제도이사회 의장이나 중요 중앙은행 관리자들의 연설이다. 이들의 연설은 경제에 대한 분석과 향후 정책방향에 대한 힌트를 제공하기 때문에 금융시장에서 큰 관심을 받는다. 특히 이 행사는 금융위기나 금리조정 등과 관련된 중요한 정책 결정을 하기 전에 중앙은행 관계자들과 경제전문가들이 의견을 교환하는 장으로 활용된다. 지난 2023년 8월 25일 경제전망 기조연설에서 미국 연방준비제도이사회 제롬 파월 의장은 다음과 같이 주장하였다.

　"우리의 인플레이션 목표치는 2%이며, 우리는 현재의 정책기조가 경제활동, 고용, 인플레이션에 대해 하향 압력을 가하는 것에 제한적이라고 보고 있습니다. 그러나 중립 금리를 확실하게 파악할 수 없으므로 통화정책의 정확한 억제 수준에 대한 불확실성은 항상 존재합니다."

　이번 잭슨홀 미팅에서 눈여겨볼 것은 많은 연설자가 동일하게 '중립 금리(Neutral interest)'에 대하여 언급하였다는 것이다. 중립 금리는 경제가 균형을 이루고 인플레이션 및 실업률이 안정적인 상태일 때 필요한 이자율을 의미하는데, 이는 각국의 경제정책을 조절하는 중앙은행에 의하여 고려되며, 경제안정을 유지하기 위하여 중요한 역할을 한다.

이자가 부동산에
미치는 영향

2022년 0~0.25%였던 미국의 기준금리는 2024년 2월 현재 5.25~5.50%이다. 1년 6개월 사이에 금리를 5.25% 포인트나 올린, 미 연준 역사상 가장 가파른 인상이며 8개월째 조정이 없이 계속 고금리 정책이 이어지고 있다. 기준금리가 급등하면 대출금리도 오르고, 가계와 기업의 부담이 커져서 경기가 침체한다는 것이 경제의 정설이다. 그러나 지금 미국의 상황은 반대에 가깝다. 고용시장에서는 기업들이 월 1,000만 명에 가까운 구직자들을 찾느라 분주하고, 실업률은 역사적인 저점인 3%대에 머물고 있으며, 물가는 여전히 목표치인 2%보다 높은 3% 후반이다. 이런 상태가 지속된다면 당분간 연준은 이자를 내리지 못하고 고금리 상태가 지속될 것이다. 연준의 기준금리는 5.50%에서 머물고, 물가는 4% 전후가 당분간의 뉴노멀이 될 듯하다. 참고로 2024년 1월 현재 미국 부동산의 상가 융자 시 평균 이자율은 8%이며, 주택 융자 시 이자율은 7% 대이다.

이자가 부동산에 어떤 영향을 어떻게 미치길래 연준과 금리까지 설명했는지, 이제부터 자세히 살펴보자.

직접적인 영향

❶ 주택담보대출 이자율

연방준비제도의 이자율 결정은 주택담보대출 이자율에 직접적인 영향을 미친다. 보통 이자율이 인상되면 주택담보대출 이자율도 상승하게 되어 주택 구매를 더 주저하게 하므로 수요가 감소하고 주택가격이 떨어진다. 그러나 요즘 미국 주택시장은 높은 이자율에도 불구하고 주택가격이 상승하는 이상한 현상이 나타나고 있다. 이는 기존의 주택 소유주들이 주택을 매물시장에 내놓지 않고 있기 때문이다. 이는 저렴한 이자로 30년 동안 묶여 있는 기존 주택을 판매하고 난 후, 새 주택을 구매할 때 높아진 이자로 집을 다시 구매하기를 꺼리기 때문이다. 이렇게 이자는 다양한 이유로 주택시장에 부정적인 영향을 미칠 수도 있다.

❷ 상업용 부동산 대출 이자율

연방준비제도의 이자율 결정은 상업용 부동산 대출 이자율에도 직접적인 영향을 미친다. 높은 이자율은 모기지(Mortgage) 상환의 부채비율 증가로 상업용 부동산 투자를 어렵게 만들 수 있다.

이자가 지금처럼 고공행진을 해도 미국의 주택 소유주들이 크게 동요하지 않은 것은 대부분 지난 저금리 시대에 낮은 이자로 30년 고정융자를 받았거나 재융자를 받아 놓았기 때문이다. 그러나 문제는 2024년부터다. 대부분의 상업용 건물들은 5년 고정 또는 변동이기에, 이제 곧 높은 이자로 재융자를 받아야 하는 시점이 다가오고 있다. 특히, 상업용은 거래액수가 크기 때문에 미치는 영향력도 크다. 상업용 건물주는 닥칠 문제들을 극복하기 위해 월 임대료를 최대한으로 인상하려고 노력할 것이며, 이는 다시 상가의 임대료 인상으로 영향을 줄 것이고, 이는 다시 소비자물가를 밀어 올리는 연속적인 파급을 만들 것이다.

간접적인 영향

❶ 소비자 신뢰도와 지출
연방준비제도의 이자율 결정은 경제의 전반적인 건강에 영향을 미친다. 낮은 이자율은 소비자 대출 및 신용카드 이자율을 낮추어 소비를 촉진할 수 있다. 따라서 이는 소비자 신뢰도와 소비 지출에 긍정적인 영향을 미칠 수 있다.

❷ 투자 및 주식시장
연방준비제도의 이자율 결정은 투자 결정에도 영향을 미친다. 보통 낮은 이자율은 주식시장에서 주식가격 상승을 견인할 수 있다. 그러나 높은 이자율은 주식시장에서 더 높은 수익을 올릴 수 있는 고정소득 투자에 유리할 수 있다.

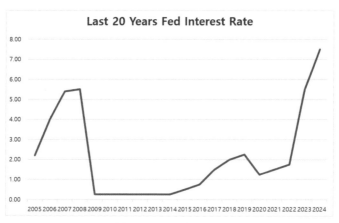

지난 20년간의 이자율 변동추이

당분간 금리 인하는 오지 않는다!

⭐ **"바다가 바뀌었다! 당분간 고금리 정책 기조가 유지될 것"**

1990년 케빈 아빠가 애리조나 글렌데일(Glendale)에 있는 첫 번째 집을 샀을 때 이자는 12.5%였다. 그래도 높은 이자 때문에 집을 사는 것을 포기하지는 않았다. 그 당시에는 높은 이자가 '노멀'인 시대였다. 그리고 적어도 높은 이자를 감당하고도 월 모기지 상환을 할 수 있었기 때문이었다.

얼마 전 한국에서 오르는 부동산의 가치만을 바라보고 '영끌'하여 집을 사고, 지금은 원금과 이자를 갚아 나가기 힘들어하는 사람들이 많을 것으로 생각한다. 부동산 투자는 부채를 이용하여 레버리지로 투자하는 것은 맞다. 하지만, 투자자의 수입이 줄어도, 경기가 다소 나빠지더라도, 이자가 조금 오르더라도 원금과 이자를 갚아 나가는 것이 크게 부담받지 않아야 투자이다. 그것으로 고통을 받는 것은 투기이다. 부동산은 항상 사이클이 있음을 명심하자. 케빈 아빠는 현재 5.25~5.5%(일반인들이 납입하는 30년 고정 주택 모기지 이자는 7.2% 수준) 안팎인 미국의 이자가 머지않아 7% 이상까지, 특히 상가는 8% 이상도 오를 수 있을 것으로 생각한다.

미국 부실채권 전문 사모펀드사인 오크트리캐피털(Oaktree Capital Management)의 하워드 막스(Howard Marks) 회장은 이렇게 말했다.

"2000년대부터 2021년까지는 '저금리의 바다'였는데, 이제 '고금리의 바다'가 다시 찾아온 것 같다. 이것은 1~2년 정도 지속되기보다는 더 장기화할 것이다. 바다가 바뀌었다(The Sea is changed.)!"

2009~2021년 사이에 있었던 저금리의 시대가 '뉴노멀'이었다는 생각을 떨쳐버리자. 앞으로 당분간은 고금리 정책이 계속되는 현상이 '뉴노멀'일 수도 있는 시대가 오고 있다. 우리는 지금 투자의 위험성이 높아져 가는 구간을 지나고 있다. 혹시라도 연준이 금리를 내린다면, 자산시장은 연준의 돈 풀기에 달려 있다. 한때는 미국의 자본이 외국, 특히 아시아 국가들로 빠져나갔던 때가 있었다. 신흥국에서의 수익이 기준금리 0%보다 높다고 판단되어 유동성 자산이 수익률 높은 신흥국으로 엄청나게 흘러들어간 것이다. 그러나 미국이 금리를 올리면서 지금 0% 기준금리 시절에 신흥국으로 빠져나갔던 자금들이 다시 미국으로 되돌아오고

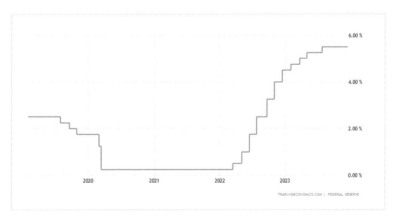

최근 5년간 미국 연방기금금리(FED Fund Rate)

출처: tradingeconomics.com

있다. 이것은 미국 정부에서 기획하는 미국 내에 더 많은 투자와 더 많은 공장을 지으려는 새로운 경제정책이기도 하다. 그러므로 지금은 미국 연준이 결정하는 '기준금리'의 등락에 전 세계의 모든 자산이 상·하향되는 상황이 되었다. 이것을 고려한다면, 만일 지금 금리가 멈추고 잠시 내려간다고 하여도, 너무 성급하게 적극적으로 위험자산을 더 많이 취하는 것은 위험한 행동일 수 있다.

한편, 2024년 1월 31일 현재 미국 연준의 제롬 파월 의장은 "금리를 너무 빨리, 또는 많이 인하하는 정책은 지금까지 봤던 물가를 잡기 위한 진전을 뒤엎을 수 있고, 결국 물가상승율을 2% 대로 되돌리기 위해서는 더 엄격한 정책이 필요하다"라고 발표하면서 "3월 금리 인하 가능성은 없다"라고 못 박았다.

인플레이션

04

지금은 인플레이션 시대다. 어떻게 인플레이션에 대비하여야 할까?

인플레이션의 기본적인 의미는 물건이나 서비스의 가격이 시간이 지남에 따라 오르는 것을 의미한다. 즉 돈의 가치가 시간이 지남에 따라 하락한다는 말이다. 현재 은행 CD에 10만 달러가 있고 연평균 인플레이션이 6%이면, 5년 후의 돈 가치는 약 30%인 3만 달러가 줄어든 7만 달러 정도 될 수도 있다는 것이다. 이처럼 인플레이션은 화폐가치 하락을 의미하기 때문에 실물자산으로 위험을 회피하여야 한다. 오늘 100달러로 기름 한 통을 살 수 있다면 같은 100달러로 5년 후에는 반 통 정도밖에 못 사는 경우다. 그러나 지금 100달러로 기름 한 통을 사 놓는다면, 5년 후에는 두 배인 200달러에 되팔 수 있는 것이다.

코로나 팬데믹 시대에 미국에서는 300년 동안 풀어야 할 달러 통화량을 단 3년 만에 풀어버렸다. 미국인 모두에게 1인당 1,000달러를 훌쩍 넘는 돈을 사이좋게 골고루 나누어 주었다. 경제논리가 잠시 휴식을 취하는 사이에 정치 논리가 일을 걷잡을 수 없게 키워 버렸다. 케빈 아빠도 코로나 직전에 35년 동안 운영하던 회사를 팔았는데, 그 회사는 불과 2년 후 케빈 아빠로부터 매입하였던 액수보다 더 많은 지원을 정부로부터 받았다. 케빈 아빠가 회사를 탄탄하게 운영하면서 세금을 많이 낸 덕이었을 것이다. 결국은 회사를 그냥 얻은 셈이나 마찬가지였다. 이렇게 열심히 푼 덕에 시중에는 돈이 넘쳐났다. 그로 인하여, 일터에는 사람이 부족하였고 차량 가격은 올라가기 시작하였으며, 캠핑용 차량 RV(Recreation Vehicle)는 웃돈을 주어도 사기 힘든 상황이 되었다. 미국경제조사국(USDA ERS)은 2019~2023년까지 식료품 물가 지수(All-Food price Consumer Index)는 29% 인상되었다고 발표하였다.

인플레이션에는 '물가 인플레이션'과 '자산 인플레이션'이 있는데, 거의 모든 각국의 정부들은 관리하기 쉬운 '물가 인플레이션'을 잡기에만 급급해하고 있다. '자산 인플레이션'은 워낙 하나의 단위, 또는 전체의 규모가 클 뿐만 아니라 각국 정부에서도 쉽게 개입하거나 관리하기에는 역부족인 것이 사실이다. 그래서 모두들 "부동산은 가장 강력하고 안전한 인플레이션에 대비한 헤지(Hedge, 위험 회피)수단이다"이라고 한다.

이에 부동산 투자자의 관점에서 보는 인플레이션은 투자하기에 가장 좋은 적기이다. 2022년 연준 의장 제롬 파월은 "만약에 당신이 집을 사려는 사람이거나 집을 알아보고 있는 젊은이라면, 처음부터 다시 생각할 필요가 있다"라고 하였다. 오르는 부동산을 잡기 위한 할리우드 멘트였는지, 정말로 젊은이들을 염려하여 귀띔을 해준 것인지는 모두가 판단해 보자.

당시 한국은행 총재도 "이미 우리나라의 집값은 높은 수준이다. 위험을 가정하고 결정하라"라며 주택시장이 과열인 것 같다고 하였다. 이 또한 연준 의장의 발표를 지원해 주는 수준의 발표에 지나지 않았다. 그는 진정 한국의 주택시장 과열을 경험해 보지 않았던 것인가? 아무튼 지금은 자산 버블이 심한 편이므로 투자하기 전 많은 조사와 고민을 하여야 하겠다.

　아무튼, 유동성이 높고 인플레이션이 진행되고 있는 지금은 부동산 보유가 인플레이션으로 인한 화폐가치의 하락을 헤지(hedge)하는 가장 좋은 수단이 될 수 있다. 건물의 가치를 결정하는 임대수익도 매년 CPI(소비자물가지수) 정도는 일반적으로 상승한다. 이 점이 부동산 투자가 인플레이션 헤지가 되는 가장 큰 이유이다. 특히 수익형 부동산은 시간이 지날수록 가치가 높아지고 임차인이 내는 임대수익도 시간이 지날수록 늘어나기 때문(연평균 3%)이다.

리모델링 직접 하기

집을 더 빨리, 제대로 팔고 싶을 때 생각하는 것이 리모델링이다. 한국에서는 셀프 리모델링으로 비용도 줄이고 집의 가치를 높이는 경우도 많다. 그러나 미국은 이 부분에서 좀 까다롭다. 애리조나주처럼 일반적으로 건물주가 자신의 소유물을 직접 공사하거나 건설업자(General Contractor) 역할을 대신할 수 있는 곳은 많지 않다. 다른 주는 매우 제한적이다. 미국 대부분의 주에서 건물주는 일반적으로 건축가가 필요하며, 건축 및 건설 프로젝트를 직접 관리하거나 시행하기 어렵다. 여기서 건축가는 전문적인 지식과 경험을 갖춘 전문가로 공사현장 관리, 하위 계약업체 조정, 시간 및 예산 관리 등의 업무를 수행한다. 그러나 일부 작은 규모의 공사 또는 리모델링 프로젝트의 경우 상가나 주택의 건물주가 건축가의 일부 업무를 직접 수행할 수도 있다. 물론 이 경우에도 건축 및 건설 규정을 준수해야 하며, 필요한 라이선스와 허가가 있어야 한다. 따라서 건물주가 건축가의 역할을 대신할 수 있는지를 결정하기 위해서는 현지 지역의 법률 및 규정을 살펴보고, 필요한 조처를 하는 것이 중요하다. 미국의 건축과 관련된 법률과 규정은 변할 수 있으므로, 현재의 법률 상태를 확인하려면 해당 주의 건설 및 건축 규정을 참조해야 한다.

그리고 프로젝트의 규모와 난이도에 따라 상황이 달라질 수 있으므로 전문적인 법률자문을 받을 것을 권한다. 요즘 미국 주택의 새로운 트렌드를 보면 집이 점점 더 작아지고 있고, 다이닝룸과 화장실에 욕조(Bath Tub)가 사라지고 있다. 땅이 넓고 광활한 미국은 오랫동안 집도 크게 지었다. 그러나 대도시를 비롯하여 도시에서의 주택지도 부족해지고, 집값이 가파르게 상승하면서, 집의 크기가 줄어들고 있다. 이에 따라 욕조를 제거하고, 좀 더 크고 새로운 유행인 유리문 달린 샤워룸으로 리모델링을 하는 것이다.

구식 Bath Tub과 샤워장이 있는 화장실 2개를 리모델링하였다.

리모델링을 직접 한다고 해도 3D에 해당하는 일이거나 난이도가 있는 일들은 전문가에게 의뢰하는 것이 좋다. 아래 사진은 집의 화장실과 샤워룸을 리모델링을 하였는데, 재료는 케빈 아빠가 직접 구매하였고, 평소에 작업을 의뢰하던 인부들을 각각의 작업 종류마다 따로 불러서 진행하였다.

미국에서 사용하는 면적 단위는 스퀘어피트(Square Feet)이다.

$1ft^2 = 0.0929m^2 = 0.0281$평

$1m^2 = 10.764ft^2 = 0.3025$평

1평 $= 35.583ft^2 = 3.306m^2$

스퀘어피트	평방 m	평	스퀘어피트	평방 m	평	스퀘어피트	평방 m	평
300	27.9	8.4	2500	232.3	70.3	4700	436.6	132.1
400	37.2	11.2	2600	241.5	73.1	4800	445.9	134.9
500	46.5	14.1	2700	250.8	75.9	4900	455.2	137.7
600	55.7	16.9	2800	260.1	78.7	5000	464.5	140.5
700	65.0	19.7	2900	269.4	81.5	5100	473.8	143.3
800	74.3	22.5	3000	278.7	84.3	5200	483.1	146.1
900	83.6	25.3	3100	288.0	87.1	5300	492.4	148.9
1000	92.9	28.1	3200	297.3	89.9	5400	501.7	151.7
1100	102.2	30.9	3300	306.6	92.7	5500	511.0	154.6
1200	111.5	33.8	3400	315.9	95.5	5600	520.2	157.3
1300	120.8	36.6	3500	325.1	98.4	5700	529.5	160.2
1400	130.1	39.4	3600	334.4	101.2	5800	538.8	163.0
1500	139.4	42.2	3700	343.7	104.0	5900	548.1	165.8
1600	148.7	45.0	3800	353.0	106.8	6000	557.4	168.6
1700	158.0	47.8	3900	362.3	109.6	6100	566.7	171.4
1800	167.2	50.6	4000	371.6	112.4			
1900	176.5	53.4	4100	380.9	115.2	7000	650.3	196.7
2000	185.8	56.2	4200	390.2	118.0	8000	743.2	224.8
2100	195.1	59.0	4300	399.5	120.8	9000	836.1	252.9
2200	204.4	61.8	4400	408.8	123.6	10000	929.0	281.0
2300	213.7	64.6	4500	418.1	126.5	11000	1021.9	309.1
2400	223.0	67.4	4600	427.3	129.3	12000	1114.8	337.2

이것이 진짜 미국 부동산 투자다

초판 1쇄 인쇄	2024년 03월 07일
초판 1쇄 발행	2024년 03월 14일
지은이	서용환
펴낸이	김양수
책임편집	이정은
교정교열	연유나
펴낸곳	휴앤스토리
	출판등록 제2016-000014
	주소 경기도 고양시 일산서구 중앙로 1456 서현프라자 604호
	전화 031) 906-5006
	팩스 031) 906-5079
	홈페이지 www.booksam.kr
	이메일 okbook1234@naver.com
	블로그 blog.naver.com/okbook1234
	페이스북 facebook.com/booksam.kr
	인스타그램 @okbook_
ISBN	979-11-93857-02-1 (03320)

휴앤스토리, 맑은샘 브랜드와 함께하는 출판사입니다.